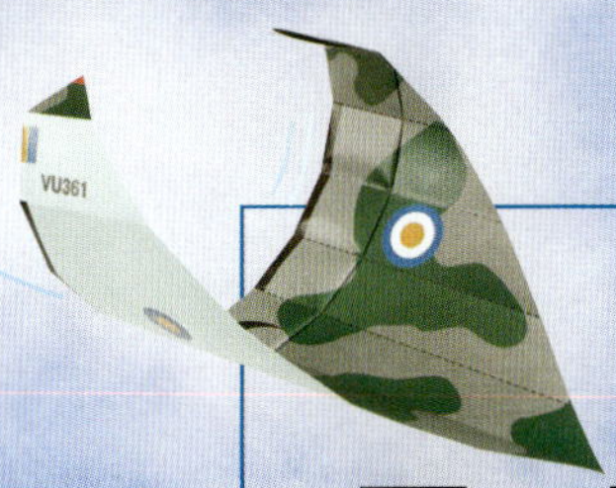

PAPIER FLIEGER

Klassiker und
Supermodelle
zum Selberfalten

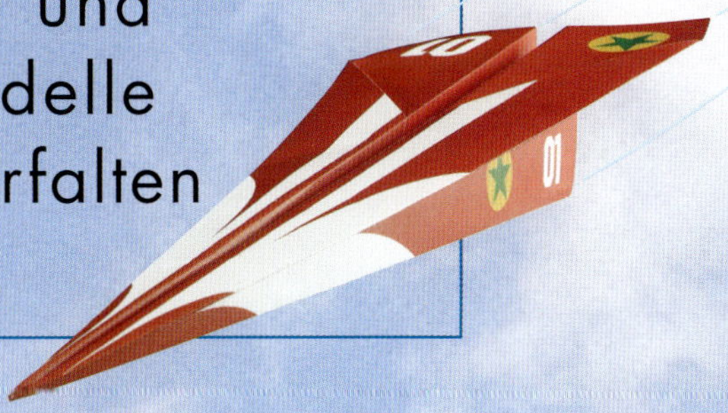

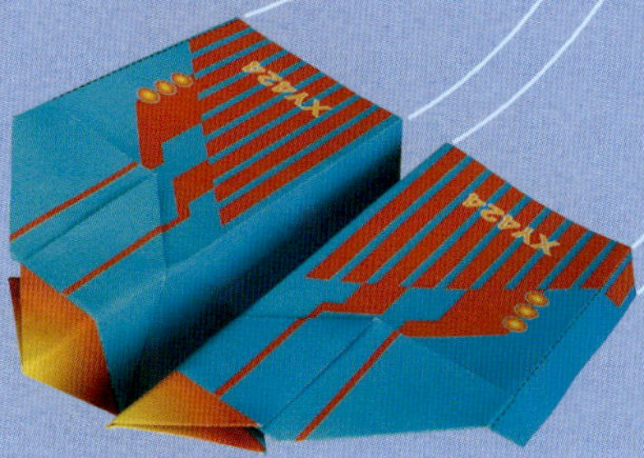

PAPIER FLIEGER

Klassiker und Supermodelle zum Selberfalten

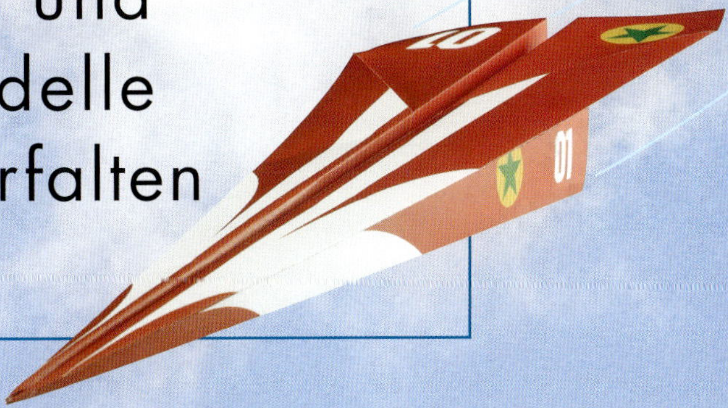

Alex Schultz

Parragon

Bath · New York · Singapore · Hong Kong · Cologne · Delhi · Melbourne

Entwurf und Realisation: Design Principals
Text: Alex Schultz
Zeichnungen: Malcolm Porter
Fotografien: Roddy Paine

Queen Street House
4 Queen Street
Bath BA1 1HE, UK

Bitte bewahren Sie die Informationen in diesem Buch auch zur späteren Ansicht auf.

Übersetzung, Satz und Redaktion:
Gundula Müller-Wallraf, München
Koordination: trans texas publishing, Köln

ISBN 978-1-4075-2751-2
Printed in China

Die Arbeitsschritte wurden so genau und leicht verständlich beschrieben wie möglich. Kleine Kinder sollten niemals unbeaufsichtigt mit gefährlichen Werkzeugen wie Scheren oder Messern arbeiten. Der Autor, der Herausgeber sowie ihre Vertreter übernehmen keinerlei Haftung für aus der Beschäftigung mit diesem Buch entstehende Schäden, Verletzungen oder Erkrankungen.

INHALT

EINFÜHRUNG

Meine Begeisterung für Papierflieger erwachte, als mein Vater mir eines Tages zeigte, wie man eine Schwalbe faltet – die Anleitung dazu findest Du auf Seite 22 in diesem Buch. Seither fasziniert mich, wie diese kleinen Wunderwerke aus Papier lautlos durch die Luft gleiten. Ich hoffe, Dir wird es genauso ergehen.

Wenn Du erst einmal alle Flieger in diesem Buch gefaltet hast, wirst Du nach neuen Herausforderungen suchen. Vielleicht lässt Du Deine Flieger einfach mit denen Deiner Freunde um die Wette fliegen. Manche Leute packt aber auch der Ehrgeiz, und sie beschließen, echte Weltklasse-Papierflieger zu entwerfen – so zum Beispiel Ken Blackburn, der Weltrekordhalter im Papierflieger-Dauerflug. Reizt Dich das auch? Dann kannst Du auf Seite 48 nachlesen, welche Weltrekorde zurzeit gelten – und was Du tun musst, um selbst einen aufzustellen.

Meine Leidenschaft entwickelte sich in eine andere Richtung. Ich habe Spaß daran, mir neue Fliegermodelle auszudenken und ihre Flugeigenschaften zu ergründen. Ich mache mir Gedanken über Luftwiderstand und -strömungen und ihre Wirkung auf echte Flugzeuge. Die Wissenschaft der Strömungslehre begegnet uns auch im täglichen Leben andauernd. Wolkenkratzer und Brücken werden so geplant, dass keine zusätzlichen Auftriebskräfte auf sie einwirken, weil sie sonst einstürzen würden. Schnellboote, Frachtschiffe, ja sogar Kreuzfahrtschiffe werden so entworfen, dass sie möglichst wenig Wasserwiderstand bieten. Schwimmer tragen spezielle Ganzkörperanzüge, die den Widerstand minimieren. Bei Rennautos verstärkt man die Bodenhaftung, indem man den Auftrieb umkehrt. So werden sie gleichsam auf die Fahrbahn gedrückt.

Inzwischen studiere ich Physik an der Universität Cambridge in England. So kann ich endlich alles über die Funktionsweisen und Anwendungsbereiche der Aerodynamik lernen. Papierflieger haben diese Neugier geweckt. Wer weiß, was sie mit Dir anstellen?

Alex Schultz

Für Deine ersten Versuche als Flugzeugkonstrukteur findest Du für sämtliche beschriebenen Modelle am Ende dieses Buchs (Seite 49–72) farbig bedruckte Faltvorlagen, auf denen alle Falzlinien bereits eingezeichnet sind. Wenn Du all diese Flugzeuge gebaut hast, kannst Du mit unterschiedlichen Papierarten (Tipps hierzu findest Du auf Seite 10) experimentieren und den perfekten Flieger entwickeln.

PAPIERFLIEGERTYPEN

In diesem Buch werden wir uns mit drei besonders spannenden Typen von Papierfliegern beschäftigen: Gleitern, Kampfflugzeugen und ebenso unglaublichen wie unbekannten experimentellen Flugobjekten.

Der klassische Gleiter darf natürlich in keinem Buch über Papierflugzeuge fehlen. Flieger dieses Typs sollen vor allem möglichst lange in der Luft bleiben. Daher haben Gleiter eine ziemlich große Flügelspannweite, um möglichst viel Auftrieb zu erzeugen. Welcher Gleiter in diesem Buch Dir am besten gefällt, musst Du selbst ausprobieren. Mein Lieblingsmodell ist der Tarnkappenbomber. Er gleitet langsam und lautlos weit durch die Luft, ohne dass man besonders viel Kraft zum Werfen bräuchte.

Die beschriebenen Kampfflugzeuge sind durchwegs Pfeile. Sie erinnern in ihren Formen an die extrem aerodynamischen Überschallflugzeuge unserer Zeit. Kampfflieger wie der Draken oder der Delta Dart fliegen am besten, wenn man sie kräftig und eher waagerecht wirft. Sie entwickeln keinen großen Auftrieb, ihre Flugbahn ähnelt der eines geworfenen Balls oder Steins.

Die erstaunlichen Flieger im Kapitel „Unglaublich & unbekannt" zeigen einen besonders wichtigen Bereich des Papierflugzeugbaus. Sie stehen für neue Ideen und Fortschritte. Oft können Ingenieure und Wissenschaftler neue Ansätze erst wirklich weiterdenken, wenn sie sie anhand eines Modells ausprobiert haben. Die Flieger in diesem Buch könnten also die Vorbilder für echte Flugzeuge der Zukunft sein.

Versuch doch einmal, Deinen eigenen Papierflieger zu entwerfen und auf Herz und Nieren zu testen. Finde heraus, zu welcher Kategorie er gehört und wie er im Vergleich mit den Modellen in diesem Buch abschneidet. Vielleicht hältst Du ja schon bald einen Weltrekordler in der Hand!

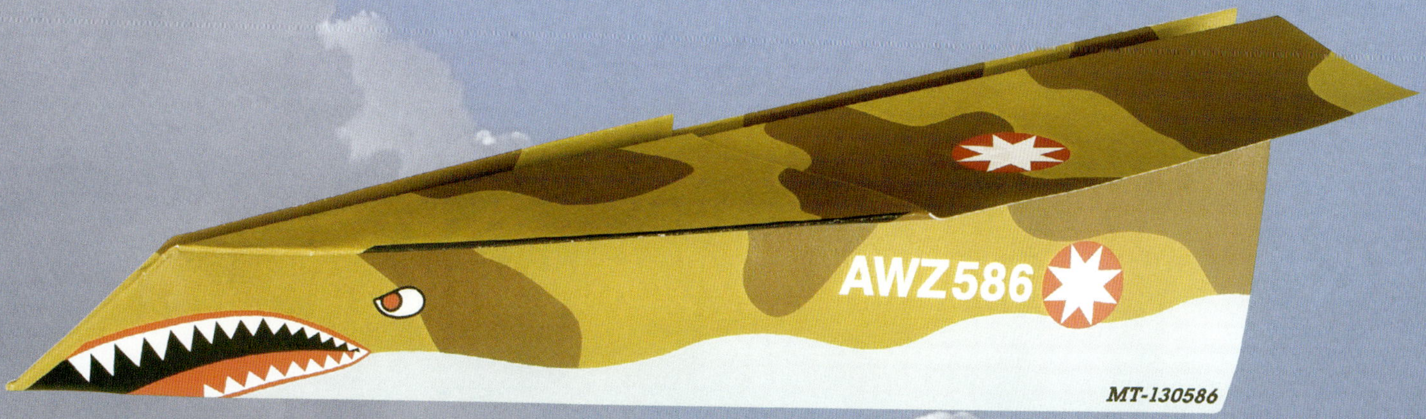

WARUM FLIEGER FLIEGEN

Schubkraft, Luftwiderstand, Auftrieb und Gewicht (oder Schwerkraft) sind die vier wichtigsten Kräfte, die auf ein fliegendes Flugzeug einwirken. Das Gewicht eines Flugzeugs ist die Kraft, die es unaufhörlich in Richtung Erde zieht. Die Schubkraft wird bei einem echten Flugzeug durch eine Maschine erzeugt und treibt es vorwärts. Bei Papierflugzeugen entsteht der Schub nur durch den Abwurf, danach bewegen sie sich vorwärts, indem sie an Höhe verlieren.

Auftrieb beruht auf dem Umstand, dass der Druck von Luft, die sich schnell bewegt, niedriger ist als der von Luft, die sich langsam bewegt. Der Punkt, an dem die Luft frontal auf die Vorderseite des Flugzeugflügels trifft, heißt Staupunkt. Hier teilt sich der Luftstrom. Die Luft, die die Tragfläche auf der Oberseite umfließt, bewegt sich schneller als die Luft, die unter ihr hindurchfließt. Die Luft oberhalb des Flügels fließt, vereinfacht ausgedrückt, deshalb schneller, weil sie einen weiteren Weg zurücklegen muss, um sich wieder mit dem Luftstrom unter der Tragfläche zu vereinen. Das liegt daran, dass die Oberseite des Flügels geschwungener ist als die Unterseite. Der Druckunterschied ober- und unterhalb des Flügels führt zu einer Druckausgleichs-

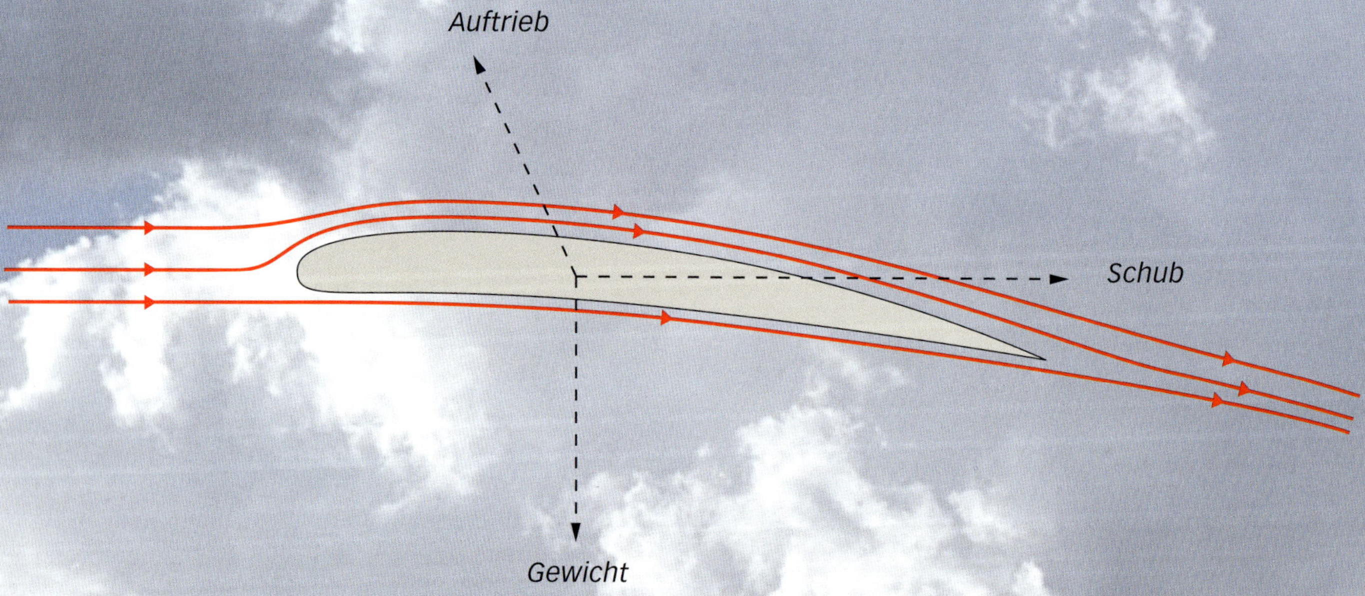

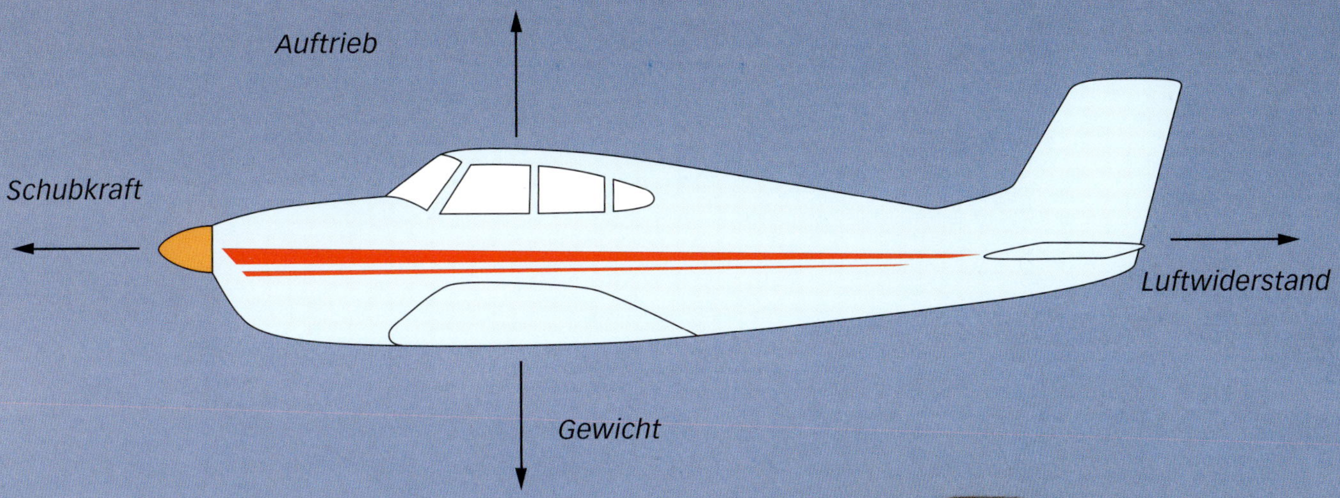

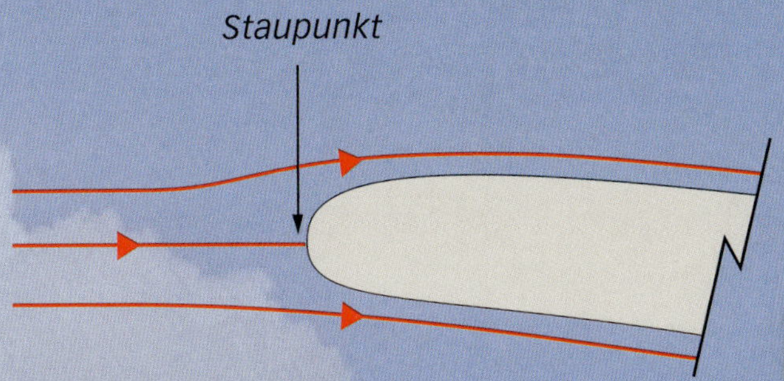

bewegung in Richtung des geringeren Luftdrucks, also nach oben. Das ist der Auftrieb. Das Ausmaß des Auftriebs hängt von Größe und Form der Tragfläche und der Geschwindigkeit des Flugzeugs ab.

Der Luftwiderstand ist schon leichter zu erklären. Wenn Du Dich in den Wind stellst oder schnell läufst, spürst Du von vorn einen leichten Druck gegen Deinen Körper. Das ist der Luftwiderstand. Der gleiche Druck wirkt auf ein Flugzeug, das durch die Luft fliegt.

Seit Beginn der Luftfahrt arbeiten Wissenschaftler und Ingenieure an der Entwicklung des perfekten Flugzeugs, indem sie die Erkenntnisse der Aerodynamik praktisch umsetzen. Viele dieser Leute entdeckten ihre Berufung beim Spielen mit Papierfliegern. Also immer schön mitdenken, wenn Du Deine Kunstwerke fliegen lässt – vielleicht erfindest Du eines Tages eine neue Concorde!

ZUR VORBEREITUNG

Herzlich willkommen in der fantastischen Welt der Papierfliegerei! Bevor es richtig losgeht, sind hier ein paar grundlegende Techniken des Papierfaltens und Tipps zur Verbesserung Deiner Flieger. Also lies Dir die folgenden Seiten gut durch – und schon bald werden Deine Flieger spektakuläre Flugkunststücke vollführen.

Grundlagen des Papierfaltens

Beim Falten (oder Falzen) von Papier gibt es drei wichtige Grundformen: die Talfalte, die Bergfalte und den Doppelknick.

Eine Talfalte entsteht, indem man einfach einen Teil des Papiers nach vorne auf den anderen klappt. Das Gegenstück zur Talfalte ist die Bergfalte. Hier wird das Papier nach hinten zusammengelegt.

Die dritte wichtige Faltenart ist der Doppelknick. Hierzu faltest Du das Papier zunächst nach vorne und dann entlang der gleichen Linie nach hinten. Diese Falttechnik ist beim Bau von Papierfliegern sehr nützlich, denn sie bricht das Papier entlang der Falzlinie und macht den Knick weicher. So fällt das weitere Falten leichter. Wenn Du mit einem der schwierigeren Modelle weiter hinten in diesem Buch, etwa dem Säbelzahn oder der Schwalbe, Schwierigkeiten hast, ersetze den einen oder anderen Falz durch einen Doppelknick. Dadurch werden Deine Flieger zwar weniger stabil, lassen sich aber viel einfacher falten.

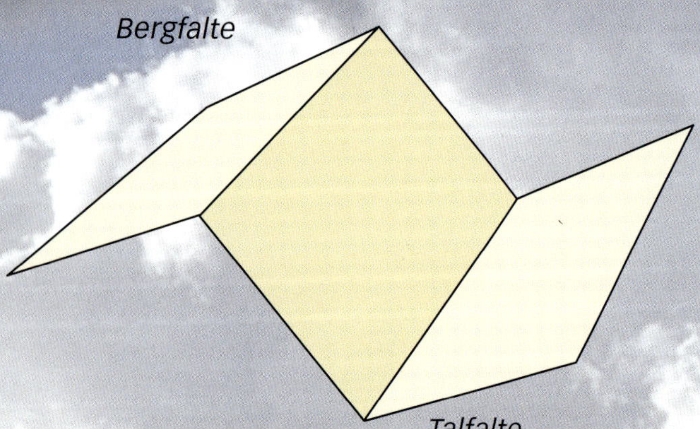

Tipps und Tricks beim Falten

Arbeite auf einer stabilen, glatten und sauberen Unterlage mit viel Platz zum Drehen und Wenden des Papiers. Zieh Deine Falzlinien mit dem Daumennagel nach. Auf diese Weise werden die Falze genauer und schärfer, und das ist wichtig beim Papierfliegerbau.

Drehe das Blatt vor jedem neuen Falz immer in die für Dich angenehmste Position. Meist ist es am einfachsten, direkt vor dem Körper zu falten, das heißt die zu faltende Stelle sollte Dir zugewandt sein.

Bevor Du einen Falz tatsächlich ausführst, solltest Du auf jeden Fall überprüfen, ob Du ihn auch wirklich an die richtige Stelle machen möchtest. Ich habe schon unzählige Flieger ruiniert, kurz bevor sie fertig waren, weil ich einen Falz einfach gezogen habe, ohne ihn zuvor genau auszurichten.

Papier

Es gibt unzählige Arten von Papier, aber nicht alle eignen sich zum Falten von Papierfliegern. Ganz offiziell, zum Beispiel für einen Weltrekordversuch, muss man Papier verwenden, das nicht mehr als 100 Gramm pro Quadratmeter (100 g/m^2) wiegt – ganz gewöhnliches Drucker- oder Kopierpapier also.

Für die Gleiter in diesem Buch eignet sich leichteres Papier besser. Trotzdem muss das Material recht fest sein, damit die Flügel nicht zu labberig werden.

Für Pfeile eignet sich etwas schwereres Papier besonders gut. Das zusätzliche Gewicht verschafft dem Flieger beim Abwurf eine Extraportion Schwung.

Ein Quadrat schneiden

Das Quadrat ist eine wichtige Grundform beim Falten von Papierfliegern. Deshalb ist es wichtig, schnell und einfach aus einem rechteckigen Blatt Papier ein quadratisches machen zu können. Und das geht so:

Nimm ein normales rechteckiges Blatt Papier im Format A4.

Falte die linke obere Ecke so diagonal nach vorne, dass die Oberkante genau mit der rechten Außenkante des Blattes abschließt.

Schneide mit einer Schere parallel zur Unterkante des Blattes vorsichtig an der zuvor heruntergefalteten Kante entlang. Falte das Blatt wieder auseinander – fertig ist ein perfektes Quadrat!

Ein perfektes Quadrat schneiden

Flugtipps

Damit Deine Flieger auch richtig gut fliegen, solltest Du die Faltanweisungen ganz genau befolgen. Überprüfe, ob die sogenannte V-Stellung (der Winkel, in dem die Flügel zueinander stehen, wenn man den Flieger genau von vorn betrachtet) mit der jeweiligen Vorgabe übereinstimmt. Nach dem Falten musst Du Deinen Flieger anhand von Testflügen feinabstimmen. Das ist ein wichtiger Teil der Arbeit.

Zieht der Flieger zu stark nach links, musst Du zum Ausgleich eine der vertikalen Flächen Deines Flugzeugs nach rechts oder den hinteren Teil der rechten Tragfläche nach oben biegen. Diese Knicke wirken in etwa wie die Steuerklappen eines echten Flugzeugs.

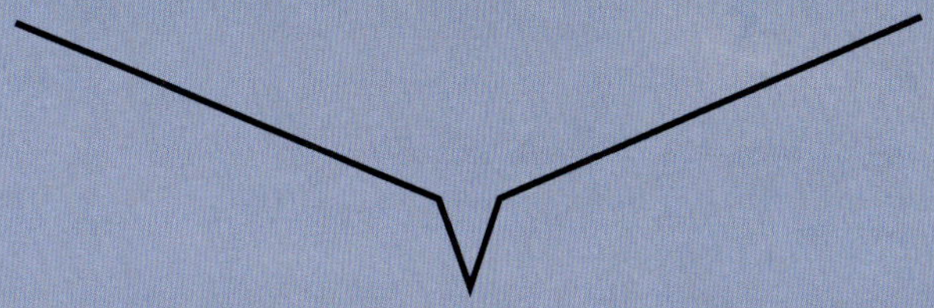

Spitzer V-Winkel mit stark aufwärtsgerichteten Tragflächen: Der Flieger fliegt besser geradeaus.

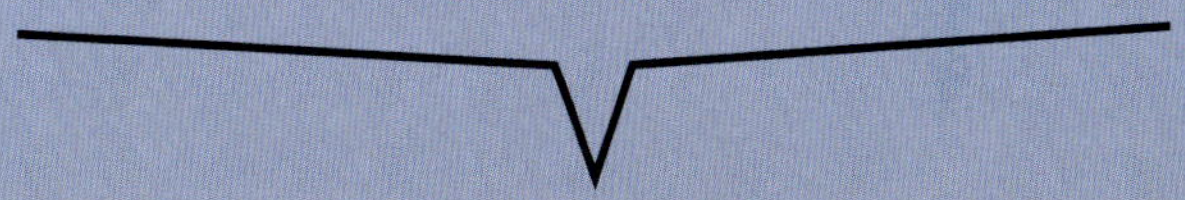

Stumpfer V-Winkel, die Tragflächen stehen fast waagerecht: Der Flieger neigt zu Kurven.

Ein Flieger mit stark nach oben gerichteten Tragflächen (steile V-Stellung) neigt deutlich weniger zu Kurven als ein Gleiter mit waagerechten oder sogar nach unten gerichteten Flügeln (negative V-Stellung). Wenn es Dir bei einem bestimmten Flieger nicht gelingt, ihn zum Geradeausfliegen zu bewegen, biege beide Tragflächen etwas weiter nach oben.

Es wird bestimmt vorkommen, dass einer Deiner Flieger rollt, das heißt sich um die eigene Längsachse dreht, oder Spiralen fliegt und schließlich abstürzt. Das kann daran liegen, dass die beiden Tragflächen nicht

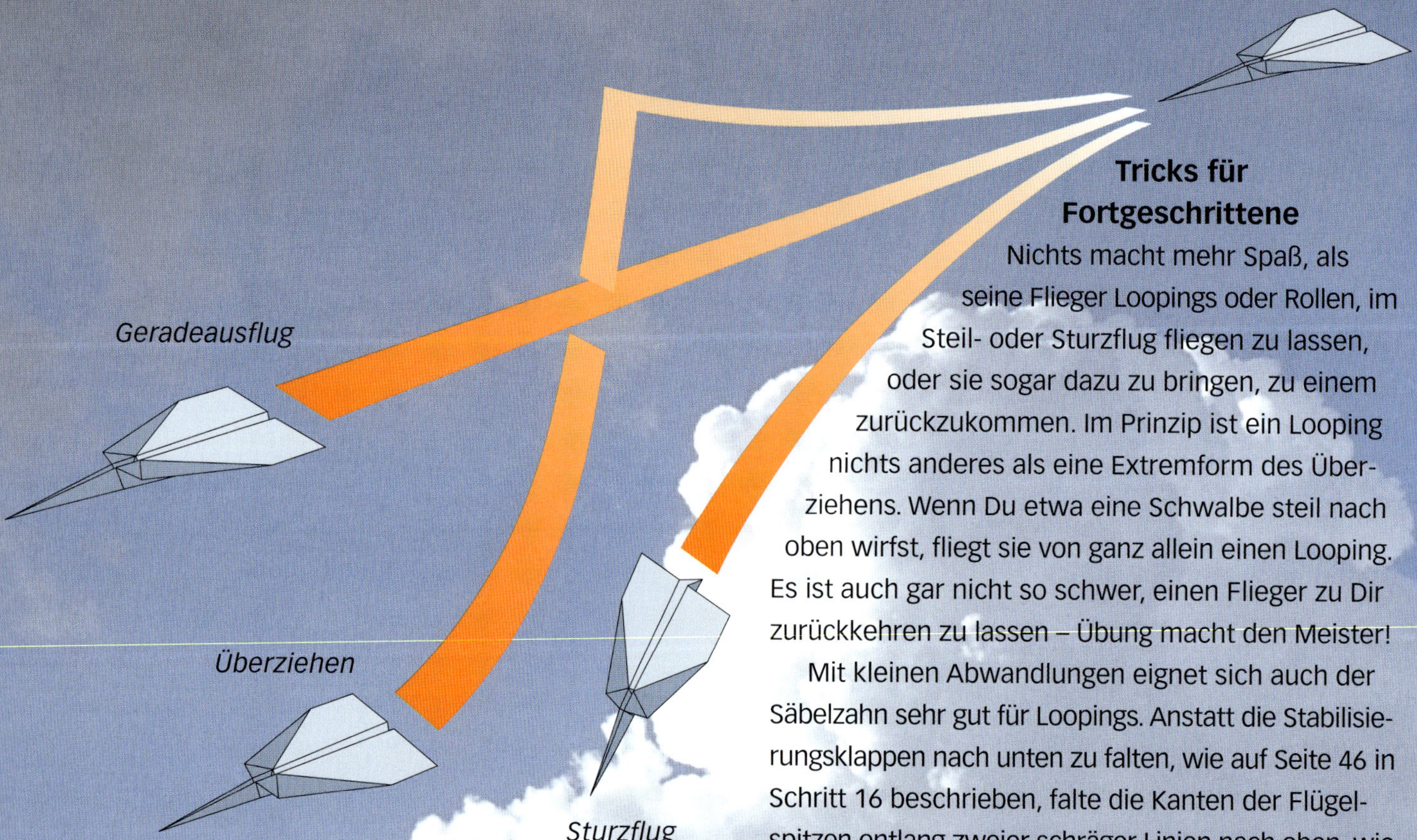

genau im gleichen Winkel gefaltet wurden. Sieh Dir Deinen Flieger von der Seite an und korrigiere die Stellung der Tragflächen, bis sie genau auf einer Höhe liegen. Wenn die Flügel auf gleicher Höhe sind, überprüfe den hinteren Teil der Tragflächen. Ist dieser auf einer Seite weiter nach oben oder unten gebogen als auf der anderen, führt das auch zu Spiralflügen.

Manche Flugzeugtypen neigen auch zum sogenannten Überziehen. In diesem Fall ist der Auftrieb an der Spitze des Fliegers zu groß, die Nase wird nach oben gedrückt. Dadurch verliert das Flugzeug an Geschwindigkeit, bleibt kurz aufrecht in der Luft stehen (man spricht hier vom Strömungsabriss) und fällt dann mit der Nase voraus vom Himmel. Der einfachste Weg, dieses Problem zu beheben, ist, die Nase des Fliegers mit einer Büroklammer zu beschweren, damit sie nicht mehr so hoch steigen kann. Man kann aber auch eine zusätzliche Klappe am Heck des Fliegers falten.

Tricks für Fortgeschrittene

Nichts macht mehr Spaß, als seine Flieger Loopings oder Rollen, im Steil- oder Sturzflug fliegen zu lassen, oder sie sogar dazu zu bringen, zu einem zurückzukommen. Im Prinzip ist ein Looping nichts anderes als eine Extremform des Überziehens. Wenn Du etwa eine Schwalbe steil nach oben wirfst, fliegt sie von ganz allein einen Looping. Es ist auch gar nicht so schwer, einen Flieger zu Dir zurückkehren zu lassen – Übung macht den Meister!

Mit kleinen Abwandlungen eignet sich auch der Säbelzahn sehr gut für Loopings. Anstatt die Stabilisierungsklappen nach unten zu falten, wie auf Seite 46 in Schritt 16 beschrieben, falte die Kanten der Flügelspitzen entlang zweier schräger Linien nach oben, wie auf der Skizze unten gezeigt. Wenn Du den Flieger

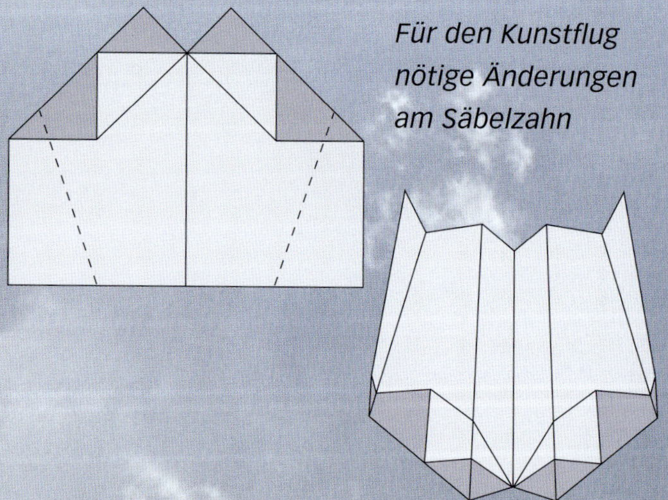

Für den Kunstflug nötige Änderungen am Säbelzahn

nun mit Schwung steil nach oben wirfst, fliegt er einen Looping.

Diese Abwandlung des Säbelzahns lässt sich auch auf viele der anderen Papierflieger in diesem Buch anwenden. Probier es aus – vielleicht entdeckst Du ja Deinen ganz persönlichen Luftakrobaten!

GLEITER

Gleiter haben ganz bestimmte Eigenschaften. Sie fliegen langsam und gleichmäßig, ihre besondere Stärke liegt in der Flugdauer. Die Starrflügelflugzeuge unserer Zeit entwickelten sich aus Versuchen mit Papiergleitern und Drachen im 19. Jahrhundert. Auf seinem Rückweg zur Erde wird übrigens sogar das Spaceshuttle zum Gleiter.

Wenn Du in der Disziplin Flugdauer einen Wettbewerb gewinnen oder sogar einen Weltrekord aufstellen möchtest, solltest Du einen Flieger entwerfen, der denen auf den folgenden Seiten ähnelt.

KLASSISCHER PFEIL

In einem Buch über Papierflieger darf dieser Klassiker natürlich nicht fehlen. Die meisten Leute wissen ungefähr, wie man einen einfachen Pfeil faltet. Trotzdem ist hier noch einmal eine Anleitung – für ein echtes Profimodell.

1 Ein Blatt Papier (Format A4) einmal der Länge nach genau in der Mitte zusammen- (Talfalte) und wieder auseinanderfalten.

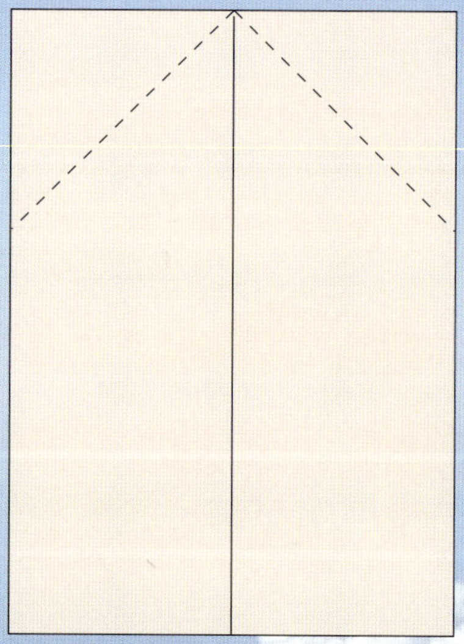

2 Die beiden oberen Ecken jeweils so diagonal nach innen falten, dass beide Hälften der Blattoberkante auf der Mittellinie zusammentreffen.

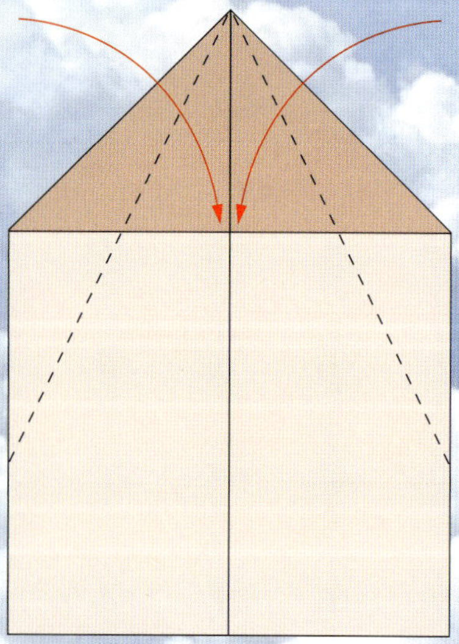

3 Die beiden seitlichen Ecken schräg nach innen falten, sodass die oberen Kanten an der Mittellinie zusammentreffen.

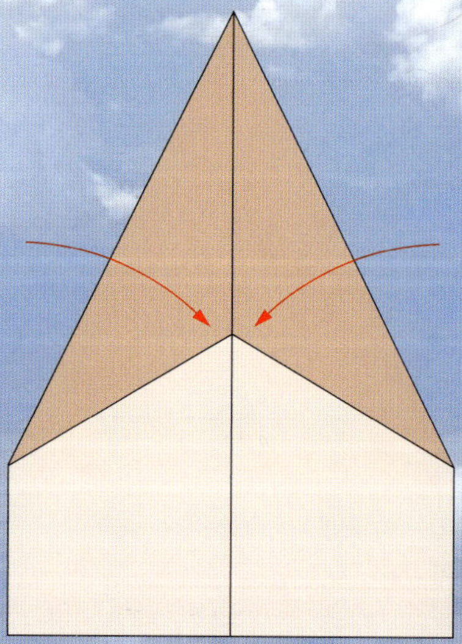

4 Die Falzlinien vorsichtig, aber kräftig mit dem Daumennagel nachziehen.

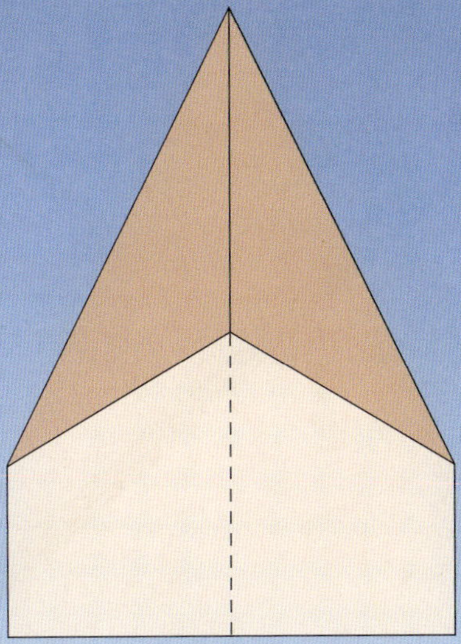

5 Den Flieger nun entlang der Mittellinie so zusammenklappen, dass sämtliche Faltungen nach innen gerichtet sind.

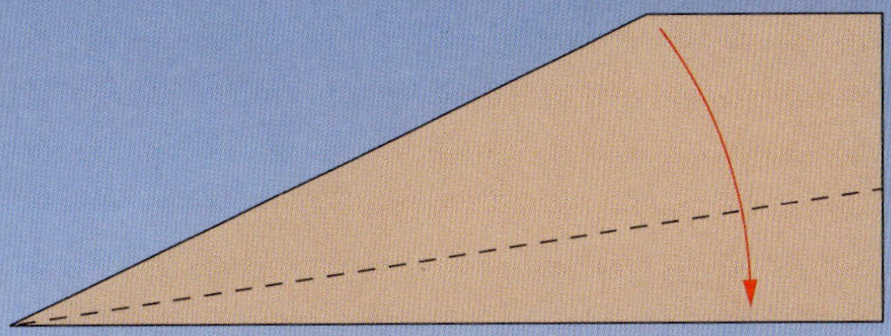

6 Eine der oberen schrägen Kanten so nach unten falten, dass die Oberkante mit der Unterkante (Mittellinie) abschließt. Das Papier wenden und die gleiche Faltung auf der anderen Seite vornehmen.

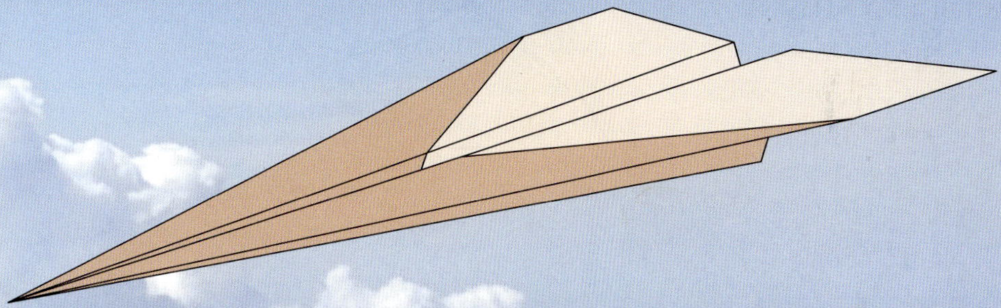

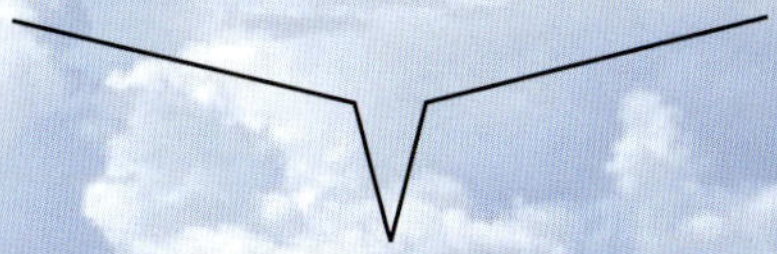

7 Die Tragflächen etwas über die Waagerechte hinaus nach oben biegen. Sie sollten, wenn man den Flieger genau von vorn betrachtet, einen extrem stumpfen Winkel bilden.

TIPP:
Dieser schnelle Gleiter hat eine extrem spitze, empfindliche Nase. Beim Abwurf sollte diese leicht nach oben gerichtet sein. Und bitte niemals auf Gesichter oder gar Augen zielen!

TARNKAPPENFLUGZEUG

Dieser Flieger hat sehr massive Tragflächen, ähnlich dem amerikanischen B2-Tarnkappenbomber. Behutsam geworfen, kann dieser lautlose Gleiter in geschlossenen Räumen sehr weite Strecken zurücklegen.

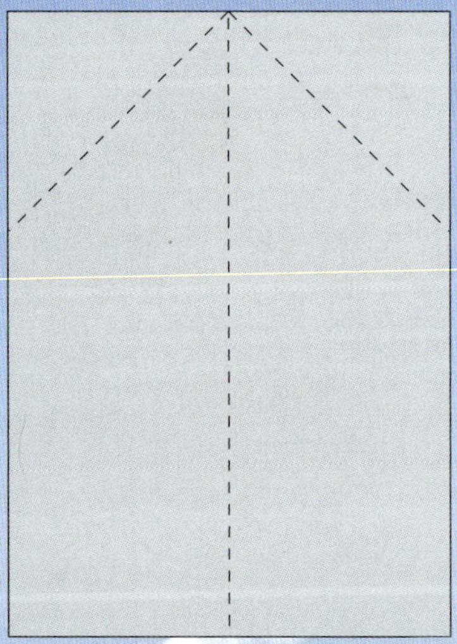

1 Ein Blatt Papier (Format A4) einmal der Länge nach genau in der Mitte zusammen- (Talfalte) und wieder auseinanderfalten.

2 Die oberen Ecken diagonal jeweils so nach innen falten, dass beide Hälften der Blattoberkante auf der Mittellinie zusammentreffen.

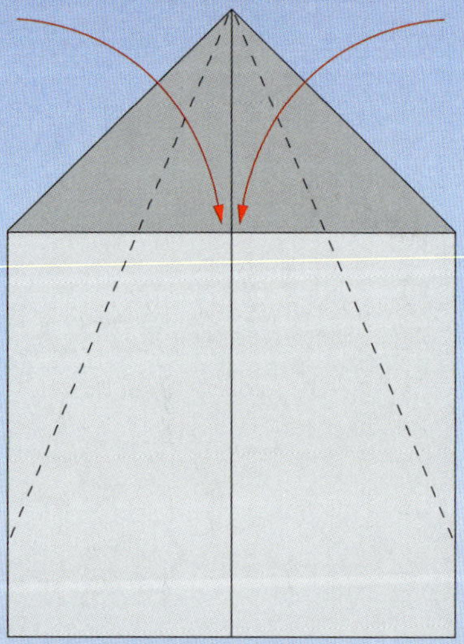

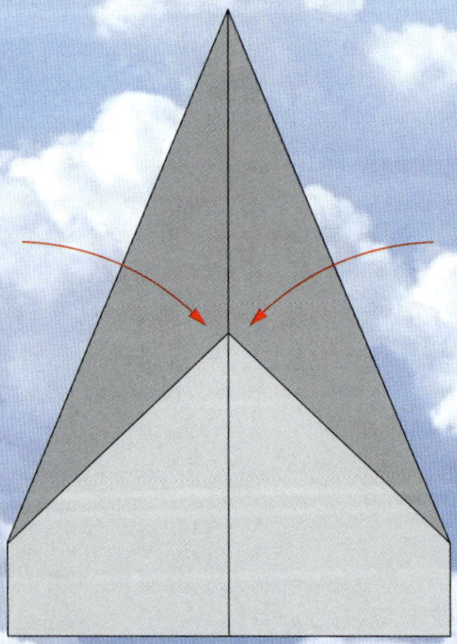

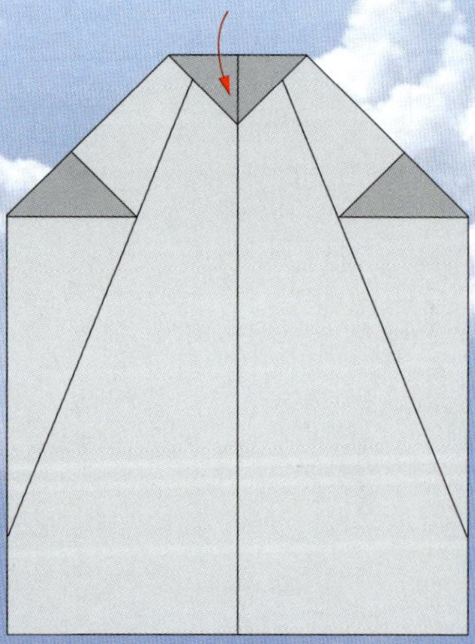

3 Die beiden seitlichen Ecken schräg nach innen falten, sodass die oberen Kanten auf der Mittellinie zusammentreffen.

4 Die letzte Faltung wieder öffnen. Die innen liegenden Kanten entlang der vorhandenen Falzlinie nach außen auf die Außenkanten klappen.

5 Nun die obere Ecke etwa 2,5 cm unterhalb der Spitze nach unten auf die Mittellinie falten.

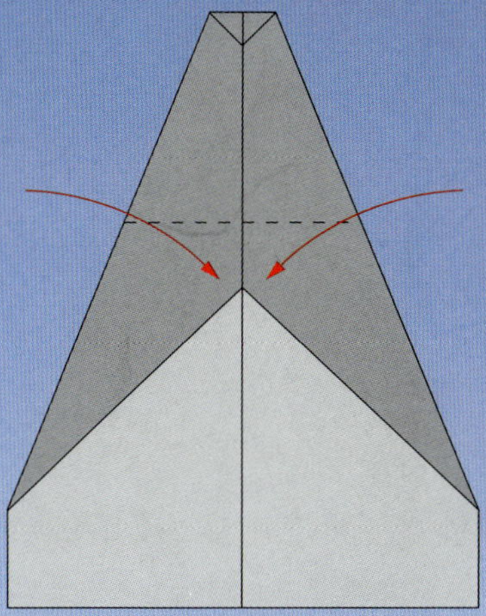

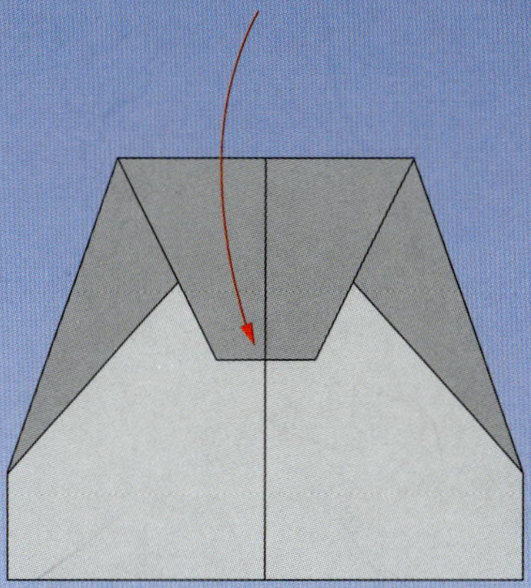

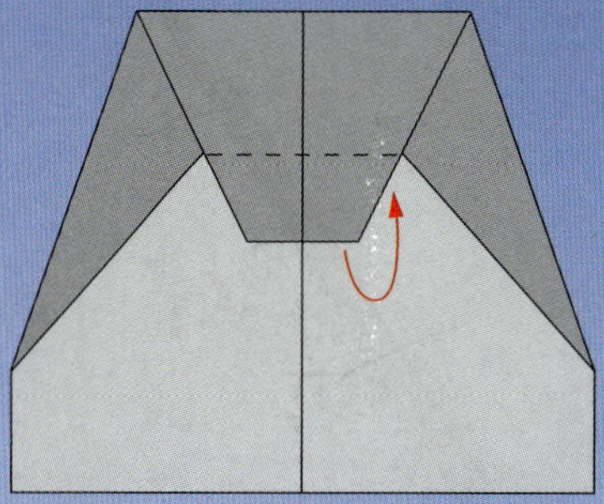

6 Die seitlichen Ecken entlang der in Schritt 3 entstandenen Falze wieder nach innen klappen.

7 Die abgeknickte Spitze etwa 7,5 cm unterhalb des ersten Falzes noch einmal nach vorn falten.

8 Etwa die Hälfte der eben gefalteten Klappe nach hinten umschlagen und das Ende unter die Ränder der Außenklappen stecken. Das wird den Flieger später in Form halten.

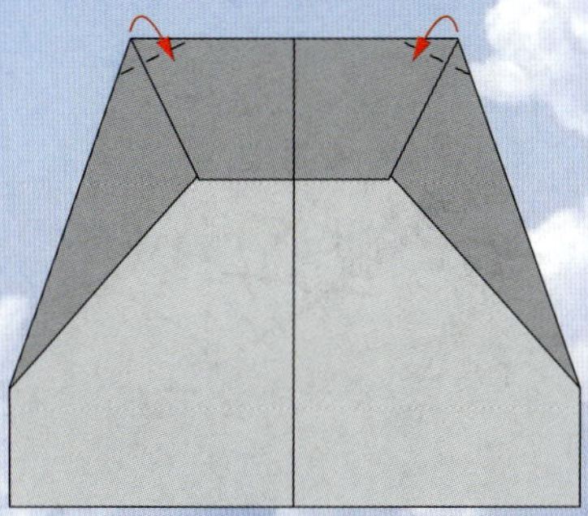

9 Die obere rechte und linke Ecke etwa 1 cm unterhalb ihrer Spitzen symmetrisch nach innen klappen. Diese Ecken halten den Flieger beim Flug ruhig.

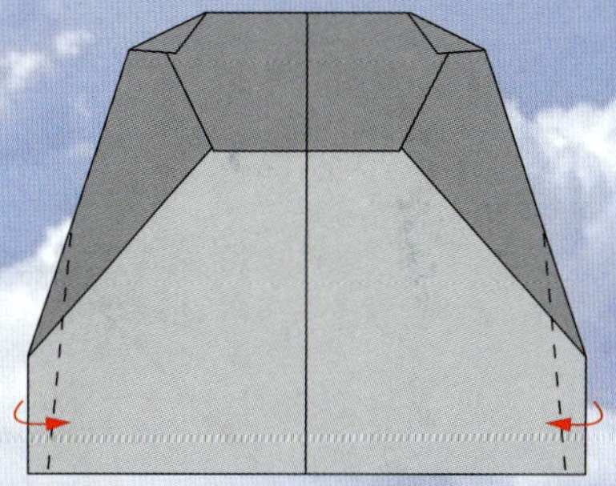

TIPP:
Diesen Flieger sollte man sanft und gleichmäßig werfen. Du wirst staunen, wie weit er an windstillen Tagen auch draußen fliegt.

10 Zuletzt noch auf beiden Seiten der Tragfläche je einen schmalen Streifen als Flügelklappen nach innen oder außen falten. Optimale Größe und Ausrichtung lassen sich am besten anhand von Testflügen herausfinden.

RAPIER

Ein Rapier ist ein leichtes, schmales Schwert. Der Name passt also ausgezeichnet zu diesem eleganten Flieger. Er fliegt mit der Anmut eines Gleiters, besitzt aber die Zielgenauigkeit und Windschnittigkeit eines Pfeils. Dieses Flugzeug vereint wirklich die besten Eigenschaften beider Flugzeugtypen – und ist ganz leicht zu bauen.

1 Ein Blatt Papier (Format A4) einmal der Länge nach genau in der Mitte zusammen- (Talfalte) und wieder auseinanderfalten.

2 Von oben parallel zur Oberkante einen etwa 1 cm breiten Streifen nach vorn falten. Den Falz kräftig nachziehen. Den Umschlag noch einmal 1 cm breit nach vorne falzen. Das Ganze weitere vier Mal wiederholen.

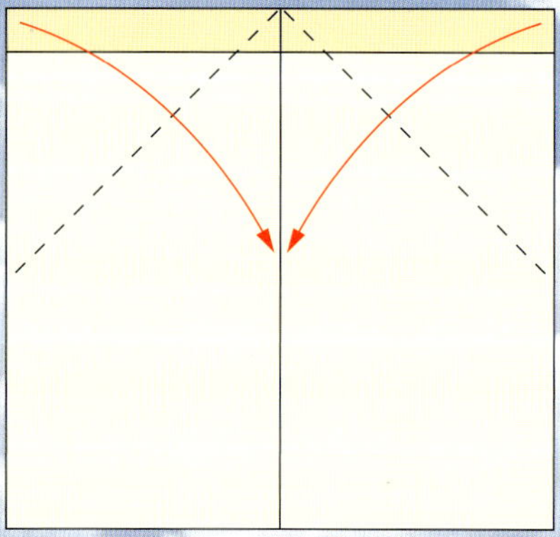

3 Das Blatt Papier ist nun kürzer und hat oben einen mehrschichtigen Rand. Jetzt die oberen Ecken diagonal nach vorn falten, sodass der dicke Rand jeweils mit der Mittellinie abschließt. Den Flieger entlang der Mittellinie zusammenklappen.

TIPP:
Die Falze sollten so genau und scharf gezogen werden wie möglich.

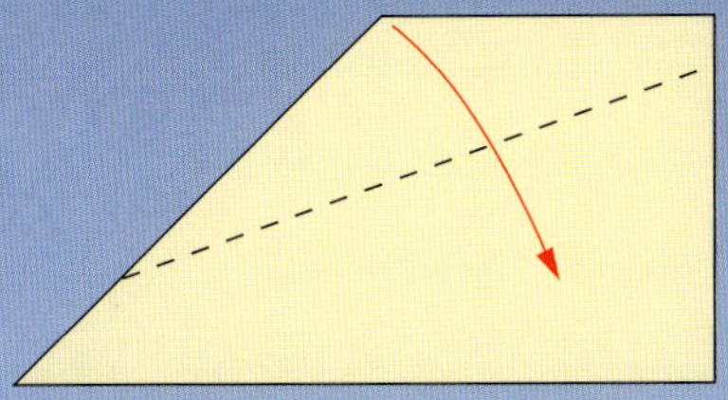

4 Die Tragflächen entlang einer diagonalen Linie von etwas oberhalb der Nase bis etwas unterhalb der Ecken am Heck nach unten klappen. Achtung: Das Papier an der Nase ist durch die vielen Schichten sehr dick. Die Tragflächenfalze also nicht direkt von der Nasenspitze aus ziehen.

5 Die Tragflächen so weit nach unten biegen, dass sie ein klein wenig nach unten zeigen, wenn man den Flieger von vorn betrachtet.

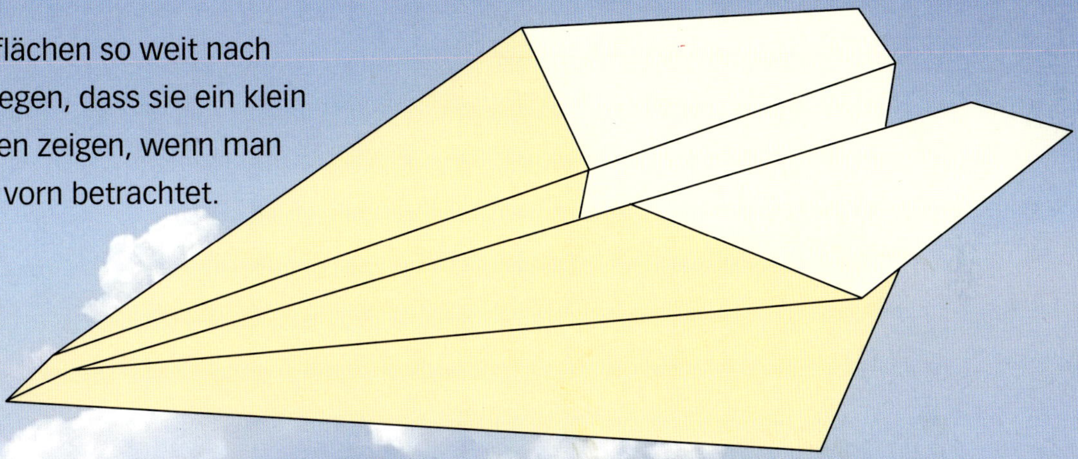

VULCAN-BOMBER

Der Vulcan war ein britischer Atombomber, der in den 1960er-Jahren gebaut wurde. Er hatte eine gewaltige Flügelspannweite. Besonders charakteristisch waren seine dreieckigen Deltaflügel. Dieser Papierflieger lehnt sich in der Form an den atemberaubenden Vulcan an – sorgfältig gebaut ist er ein wirklich toller Gleiter.

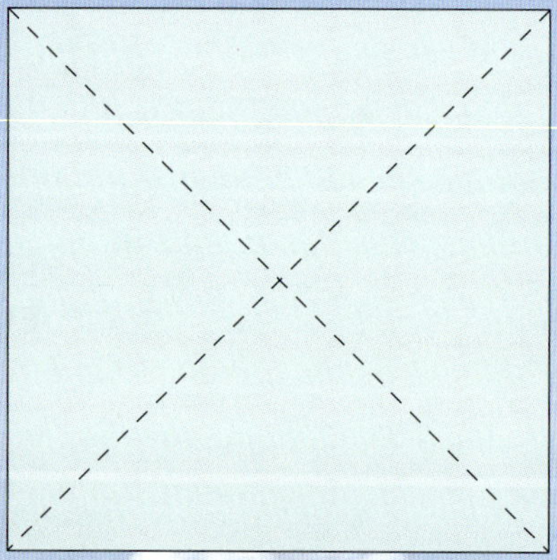

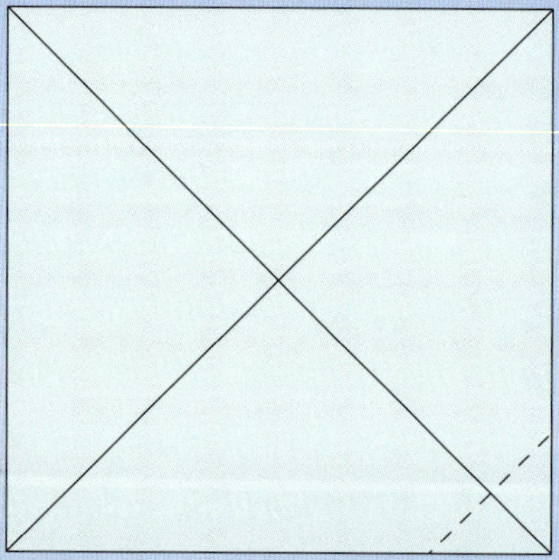

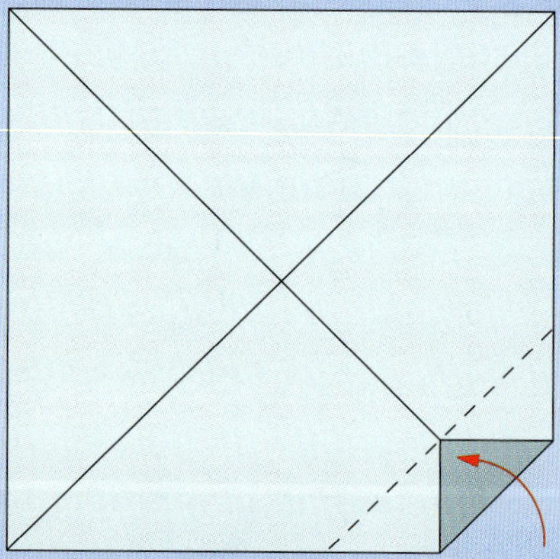

1 Ein Blatt Papier (Format A4) zu einem Quadrat verkürzen (siehe Seite 11). Das Blatt in beide Richtungen über die Diagonalen zusammen- und wieder auseinanderfalten.

2 Das Blatt so drehen, dass die untere rechte Ecke direkt auf Dich zeigt. So fällt das Falten leichter.

3 Die Ecke nun diagonal etwa 3 cm breit sauber nach oben falten.

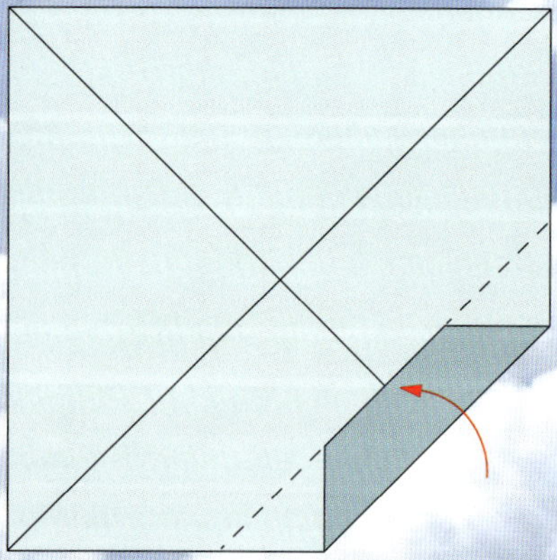

4 Diese Klappe parallel zum ersten Falz noch einmal so nach innen umknicken, dass die eingeklappte Spitze genau auf die Mitteldiagonale zu liegen kommt.

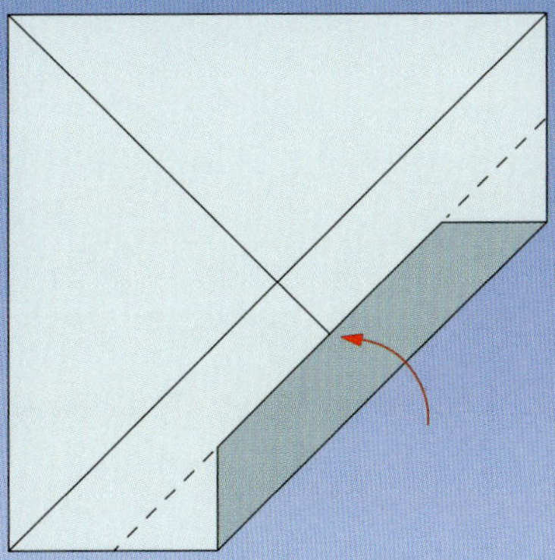

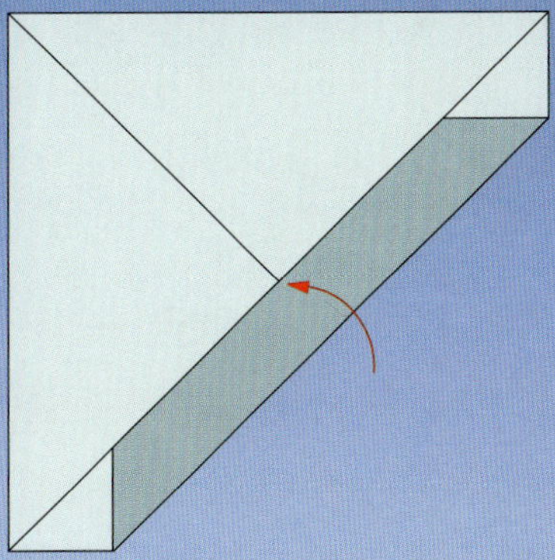

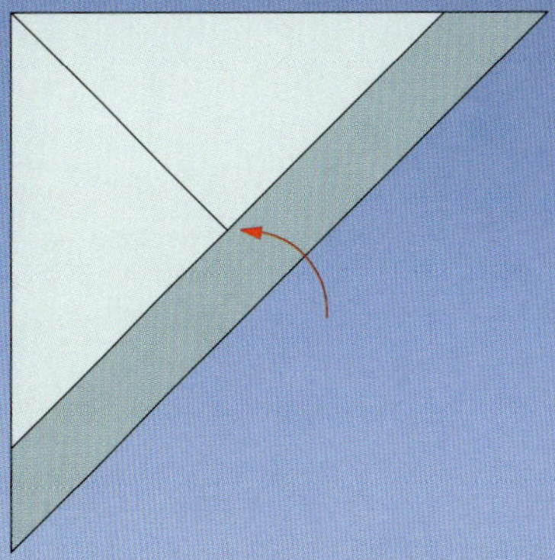

5 Den Umschlag entlang der inneren Kante noch einmal sauber nach oben falzen. Alle Falze mit dem Daumennagel nachziehen.

6 Schritt 5 so oft wiederholen, bis die innere Falzkante auf die diagonale Mittellinie von oben rechts nach unten links trifft.

7 Den gefalteten Rand noch einmal entlang der diagonalen Mittellinie nach innen klappen. Aus dem Quadrat vom Anfang ist nun ein Dreieck geworden.

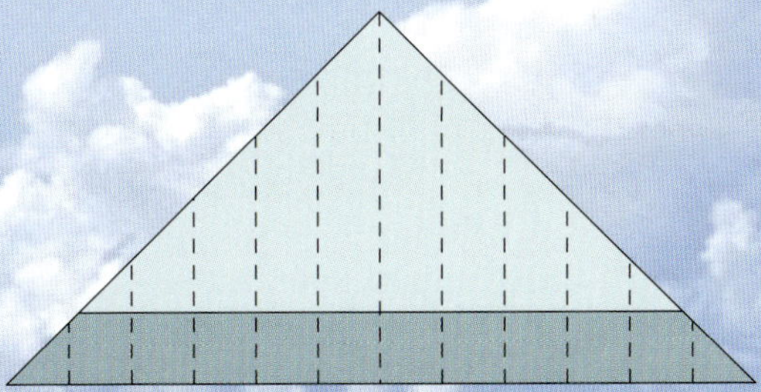

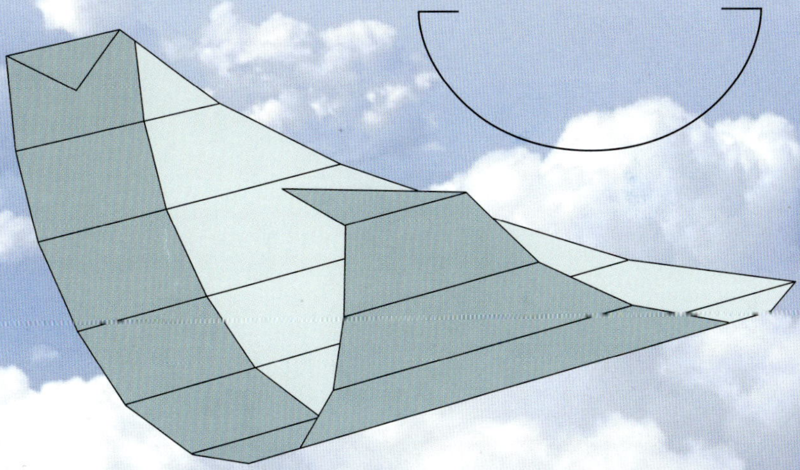

8 Das Dreieck so drehen, dass der gefaltete Rand unten liegt. Das Dreieck zunächst entlang der Mittellinie falten. Dann jede Hälfte des Fliegers in sechs gleich breite Streifen unterteilen, und diese durch Falze abtrennen. Insgesamt müssen in diesem Arbeitsschritt elf Falze gemacht werden.

9 Den Flieger nun wieder auseinanderklappen und in die in der Skizze oben dargestellte Form biegen. Darauf achten, dass die Falze an den beiden Tragflächenspitzen schärfer gezogen werden müssen als die anderen. Durch sie entstehen die waagerechten, nach innen gerichteten Flügelklappen.

SCHWALBE

Dieser Flieger sieht nicht nur toll aus, er ist auch ein echter Luftakrobat. Steil nach oben geworfen, fliegt er einen Looping, macht dann einen Sturzflug und kommt anschließend in Kreisbewegungen zurück zum Boden. Probier es aus!

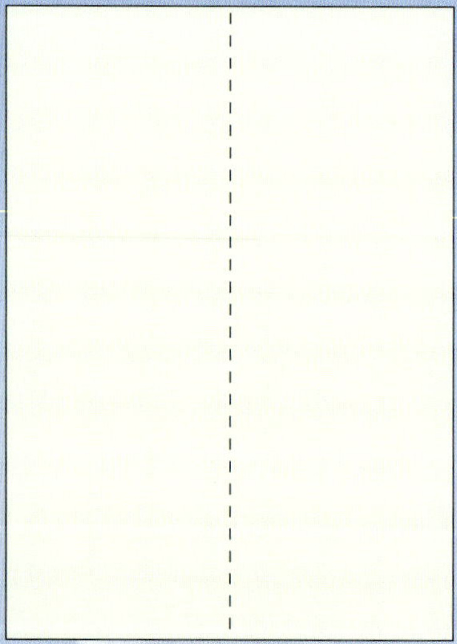

1 Ein Blatt Papier (A4) einmal der Länge nach in der Mitte zusammen- und wieder auseinanderfalten.

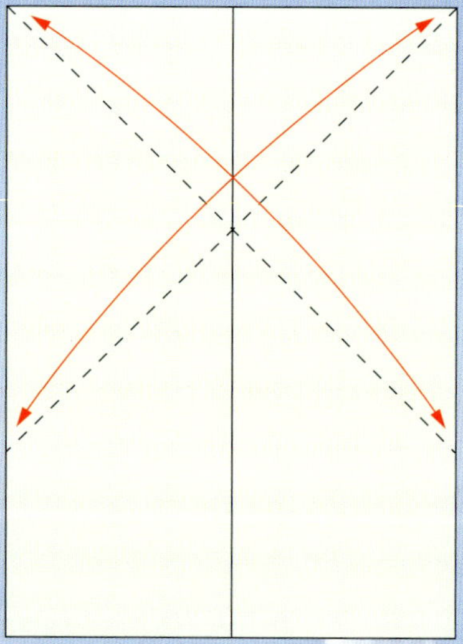

2 Die obere linke Ecke diagonal so nach innen falten, dass die Blattoberkante genau auf der rechten Seitenkante des Blattes liegt. Wieder auseinanderfalten. Nun die obere rechte Ecke auf die gleiche Weise nach innen und wieder auseinanderfalten.

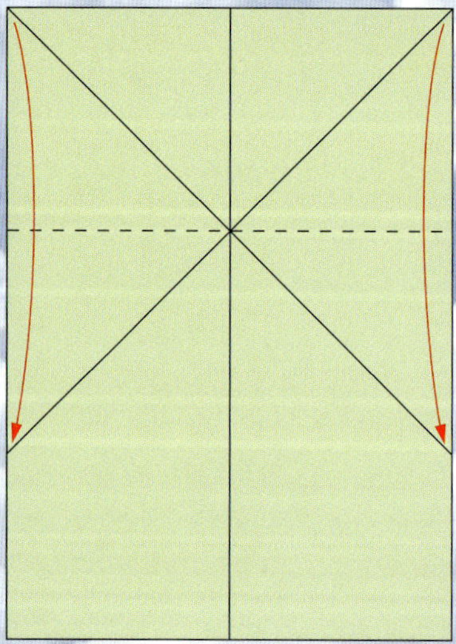

3 Das Blatt wenden, sodass die Rückseite oben liegt. Die diagonal ausgeführten Falze sollten immer noch nach oben zeigen. Den oberen Teil des Blattes (durch die Mitte der diagonalen Falze) nach unten klappen, sodass die Blattoberkante mit den unteren Enden der diagonalen Falze abschließt.

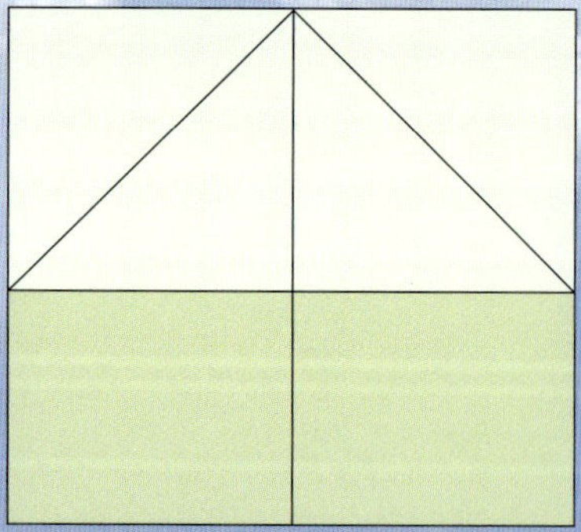

4 Der Falz sollte durch den Kreuzungspunkt der Diagonalen verlaufen. Sorgfältig nachziehen, dann das Blatt wieder entfalten.

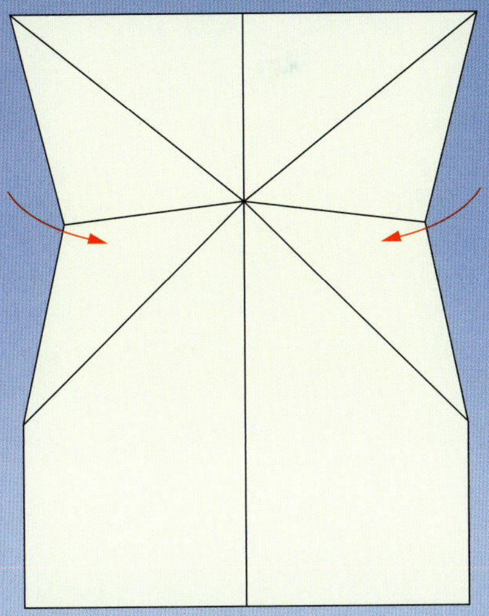

5 Das Blatt erneut wenden. Die Enden des horizontalen Falzes erfassen, und die Seiten auf Dich zu in Richtung Mitte ziehen.

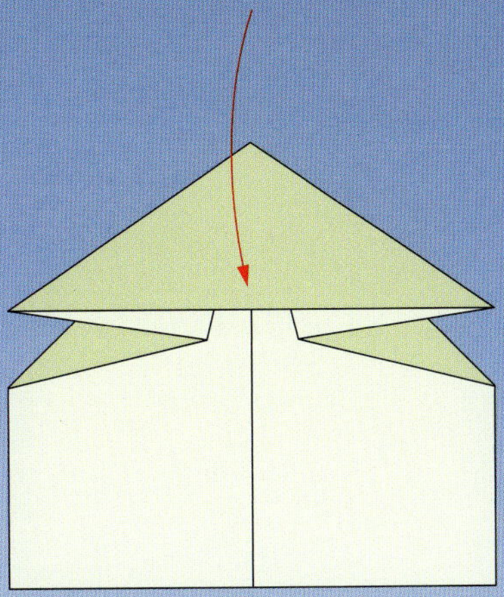

6 Den oberen Teil des Blattes so nach unten klappen, dass eine dreieckige Spitze entsteht.

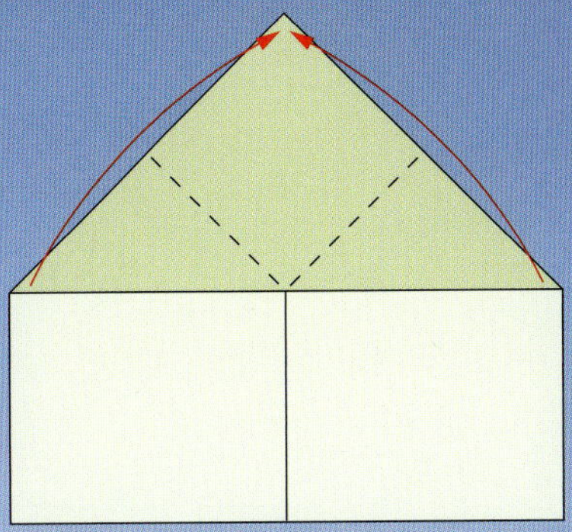

7 Die beiden unteren Eckzipfel des gefalteten Dreiecks diagonal so nach oben falten, dass sie sich an der Spitze des Dreiecks treffen.

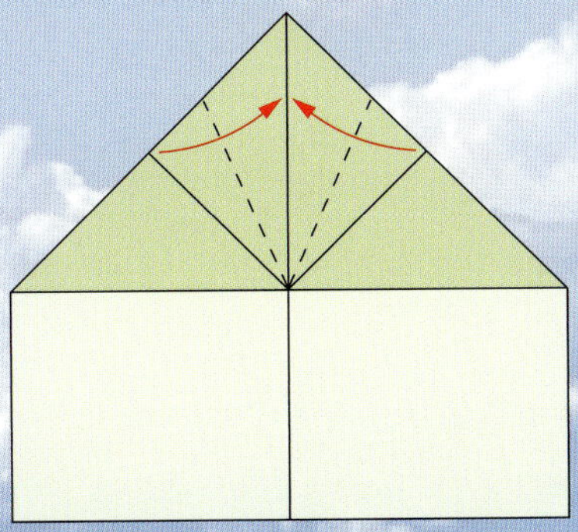

8 Die beiden unteren Kanten der entstandenen Raute so diagonal nach oben klappen, dass sie auf die Mittellinie zu liegen kommen. Die Falze kräftig nachziehen. Die Faltungen wieder öffnen.

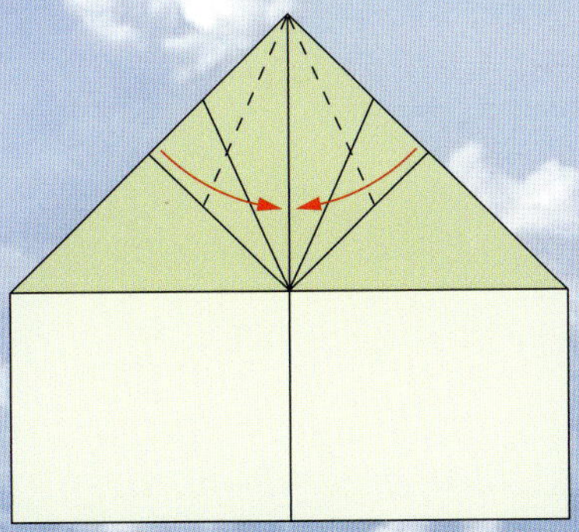

9 Nun die oberen Kanten der Raute in gleicher Weise diagonal nach unten klappen. Die Falze nachziehen, die Faltungen wieder öffnen.

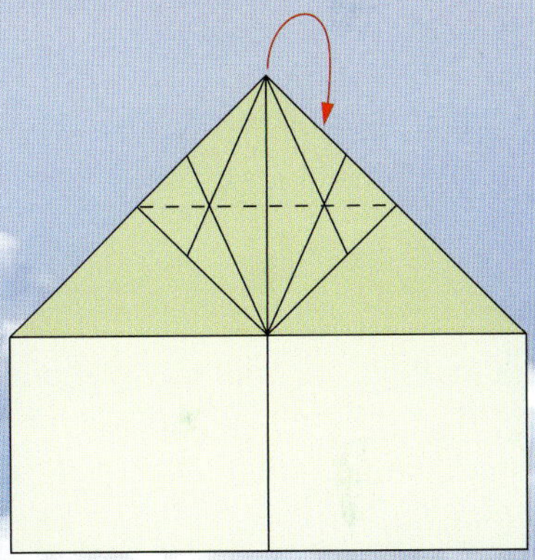

10 Die obere Hälfte der Raute durch deren Mitte scharf nach unten falzen, sodass sie die untere Hälfte ganz genau bedeckt.

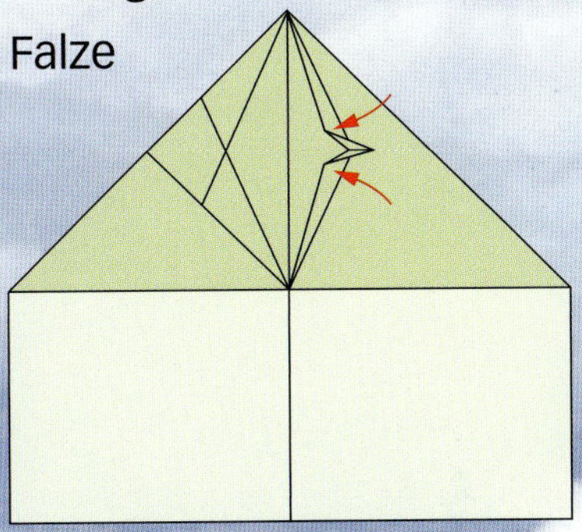

11 Jetzt wird es etwas schwieriger: Auf dem rautenförmigen Teil der Nase des Fliegers sollten nun mehrere sich kreuzende Falze verlaufen. Beide Außenkanten der rechten Rautenhälfte erneut auf die Mittellinie klappen, aber diesmal gleichzeitig. Dadurch sollte sich eine Art Klappe aufrichten. Ebenso mit der linken Seite der Raute verfahren.

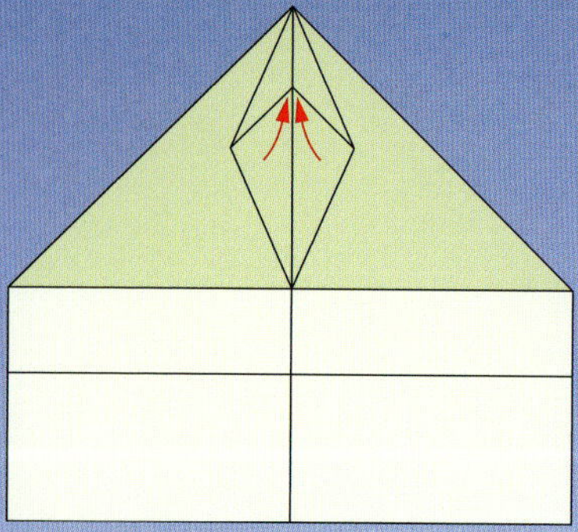

12 Beide Klappen in Richtung Spitze herunterdrücken. Mit einer Schere oder einem Cutter am unteren Rand des Blattes einen etwa 5 cm breiten Streifen abschneiden.

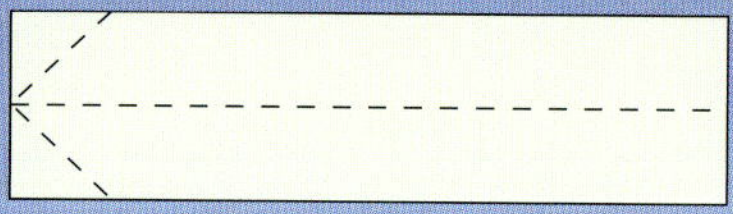

13 Diesen Streifen der Länge nach in der Mitte zusammen- und wieder auseinanderfalten. Die oberen Ecken so nach innen auf die Mittellinie falten, dass sich eine Pfeilspitze bildet.

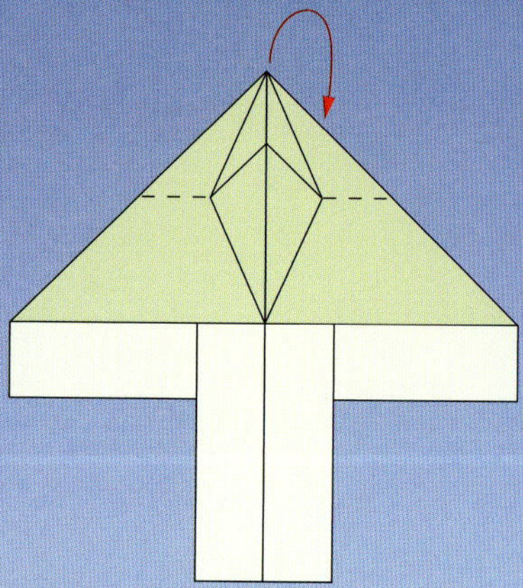

14 Diesen Pfeil so in die Spitze des Fliegers schieben, dass die Pfeilspitze genau in die Flugzeugnase passt und die Mittelfalze genau aufeinanderliegen. Nun die vorderste Spitze des Fliegers an der in Schritt 10 gefalteten Linie nach hinten umklappen.

15 Der Schwanz müsste jetzt festsitzen, der Flieger sollte eine kurze, spitze Nase haben.

16 Den Flieger wenden, sodass die nach hinten gefaltete Spitze nun oben liegt. Die Schwalbe entlang der Mittellinie nach innen zusammenklappen (Talfalte). Die Tragflächen in die unten dargestellte V-Stellung bringen.

KAMPFFLIEGER

Diese Papierflieger sind windschnittig und elegant. Sie ähneln modernen Überschallflugzeugen, deren kämpferische Dreiecksform ihnen einen extrem niedrigen Luftwiderstand verschafft. So können sie schneller als der Schall durch die Luft sausen.

Die Flieger in diesem Kapitel eignen sich besonders gut für Weit- oder Zielflugwettbewerbe. Sie sind leicht zu bauen und zu werfen. Aber pass auf, dass Du mit ihren spitzen Nasen niemanden ins Auge triffst!

F-14 TOMCAT

Die echte F-14 Tomcat hat Schwenkflügel, das heißt die Tragflächen lassen sich vor- und rückwärtsbewegen. Vollständig nach hinten geschwenkt, gehen die Flügel direkt in den Schwanz über. Das Papiermodell ist ein echter Kunstflieger. Seine Spezialität ist die Barrel Roll, eine Schraube um die eigene Längsachse.

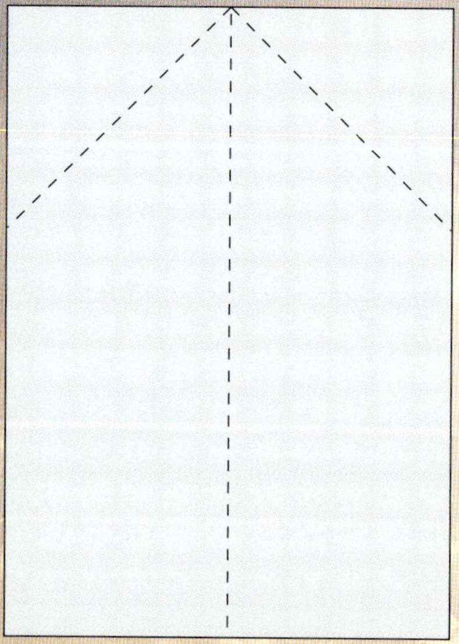

1 Ein Blatt Papier (A4) einmal der Länge nach genau in der Mitte nach hinten zusammen- (Bergfalte) und wieder auseinanderfalten.

2 Die oberen Ecken jeweils so diagonal nach innen falten, dass beide Hälften der Blattoberkante auf der Mittellinie zusammentreffen.

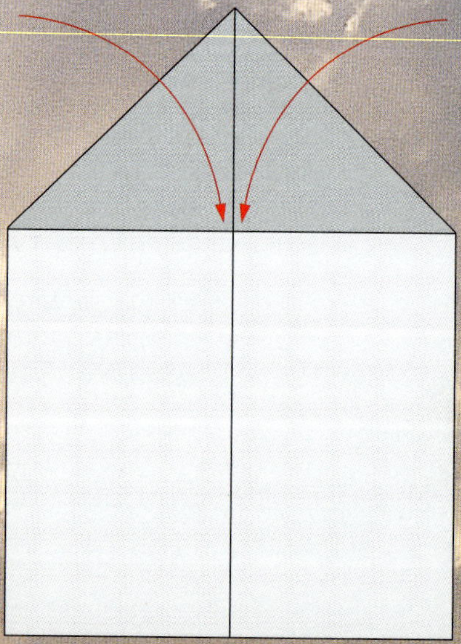

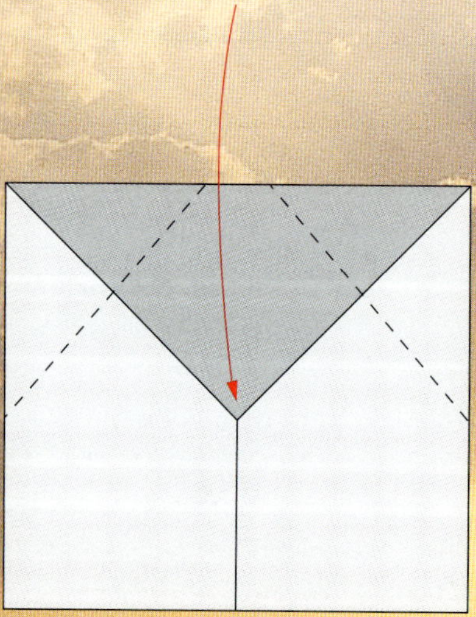

3 Die durch die letzte Faltung entstandene Spitze vollständig nach unten klappen. Den Falz kräftig mit dem Daumennagel nachziehen.

4 Die oberen Ecken des entstandenen Rechtecks leicht schräg nach vorne falten, sodass sich die Spitzen der Ecken etwa 7,5 cm unterhalb der Oberkante auf der Mittellinie treffen.

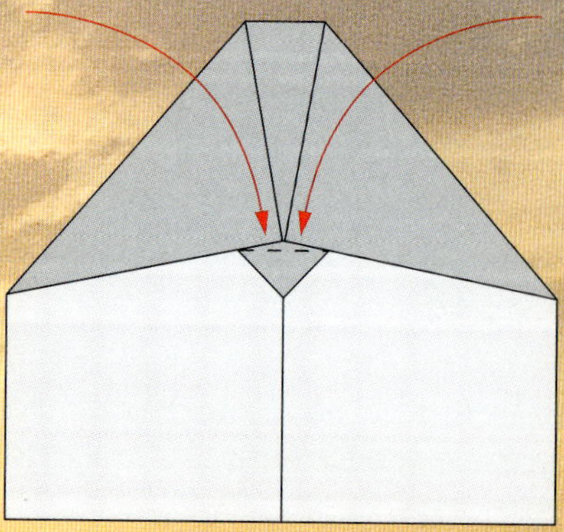

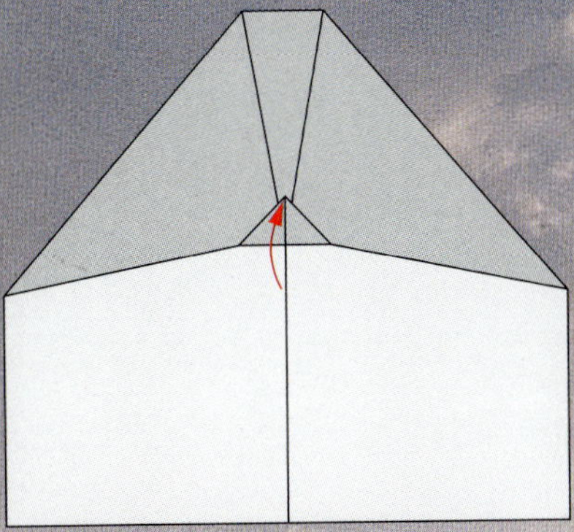

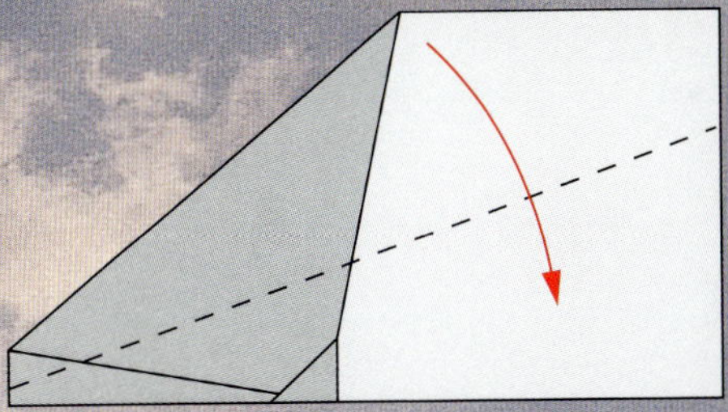

5 Das kleine Dreieck, das unter der Unterkante der heruntergeklappten Dreiecke hervorragt, nach oben über die Spitzen der beiden Dreiecke klappen.

6 Den Flieger entlang des Mittelfalzes (der Bergfalte aus Schritt 1) sorgfältig nach hinten zusammenklappen. Der Flieger sollte absolut symmetrisch sein. Die Klappe aus Schritt 5 sollte die Faltungen gut zusammenhalten. Die Tragflächen entlang einer Linie, die kurz über der Nase beginnt und etwa 2,5 cm unterhalb der oberen Heckkante endet, nach unten falten. Den Falz kräftig nachziehen.

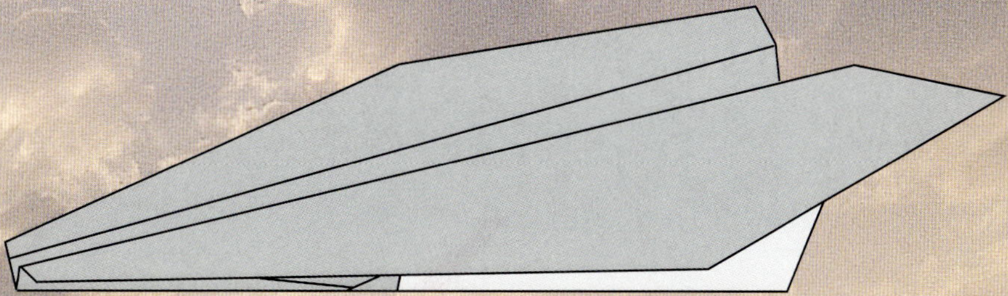

7 Das Papier wenden und die zweite Tragfläche ebenso falten. Die Tragflächen so weit auseinanderbiegen, dass sie ganz leicht nach oben weisen (siehe Zeichnung).

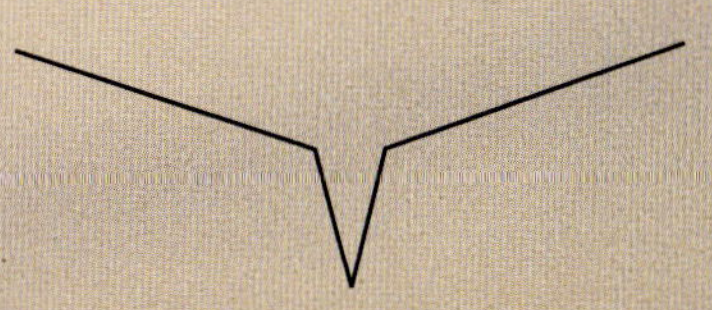

DRAKEN

Der Draken (schwedisch für „Drachen", aber auch für „Drache") ist ein futuristisch geformtes Kampfflugzeug. Der echte Draken wurde bereits 1949 für die schwedische Regierung entwickelt. Er hat Doppel-Delta-Flügel und erreicht Geschwindigkeiten von bis zu Mach 2 (doppelte Schallgeschwindigkeit). Ganz so rasant ist der Papierflieger natürlich nicht, er sieht aber fast genauso aufregend aus.

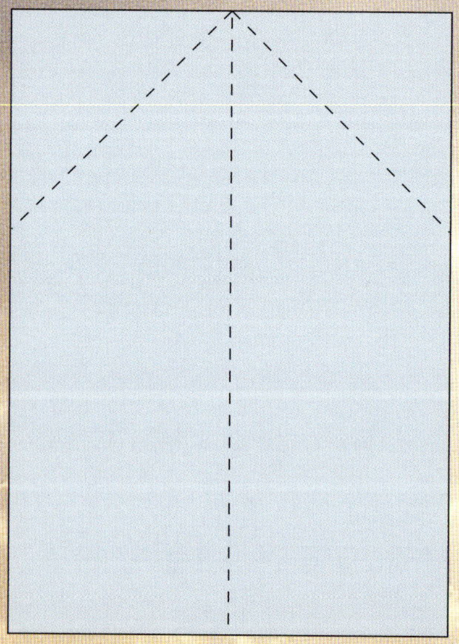

1 Ein Blatt Papier (A4) einmal der Länge nach genau in der Mitte zusammen- (Talfalte) und wieder auseinanderfalten.

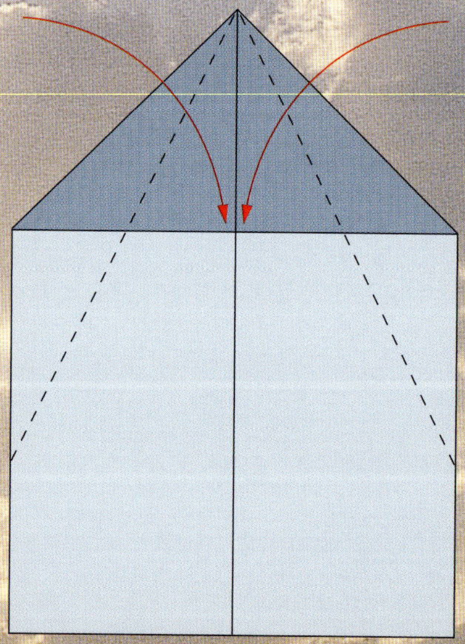

2 Die oberen Ecken diagonal jeweils so nach innen falten, dass beide Hälften der Blattoberkante auf der Mittellinie zusammentreffen.

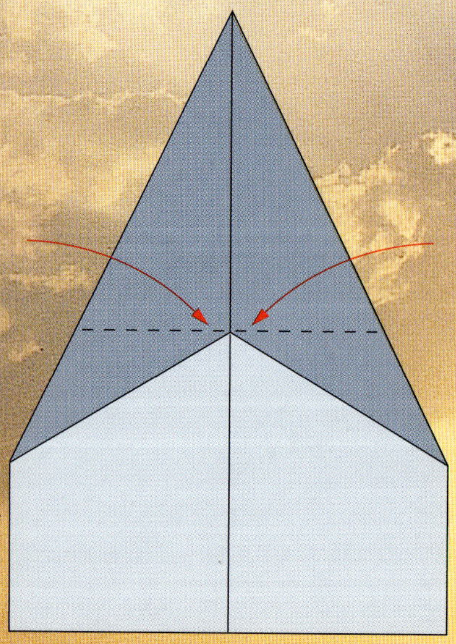

3 Nun die seitlichen Ecken so nach innen klappen, dass sich die oberen schrägen Kanten wiederum auf der Mittellinie treffen. Die Falze sorgfältig nachziehen.

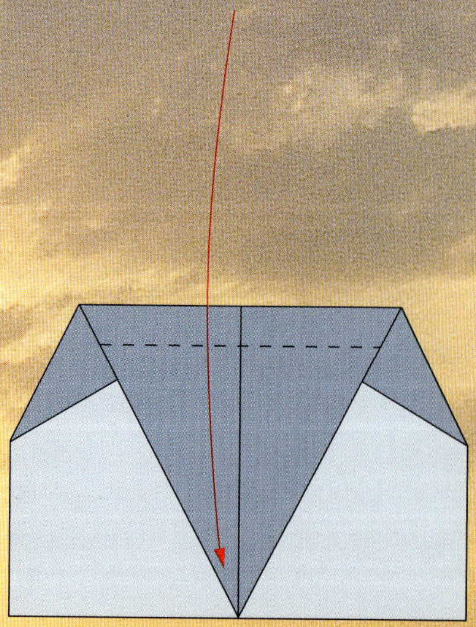

4 Die Spitze so nach unten klappen, dass sie mit der Unterkante des Blattes abschließt.

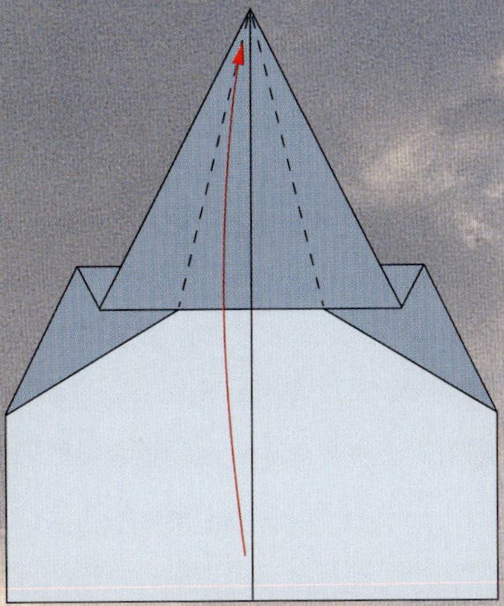

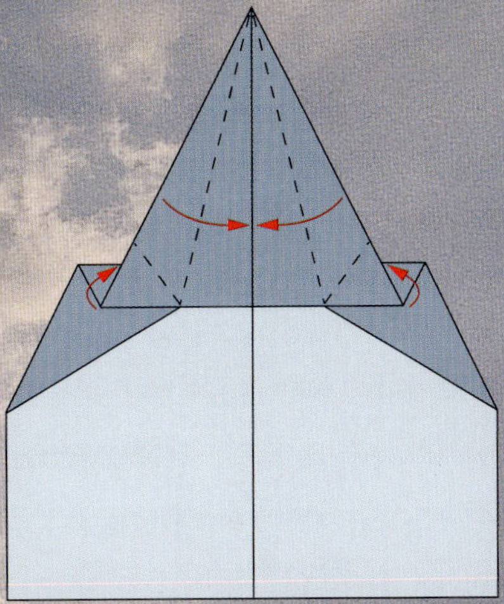

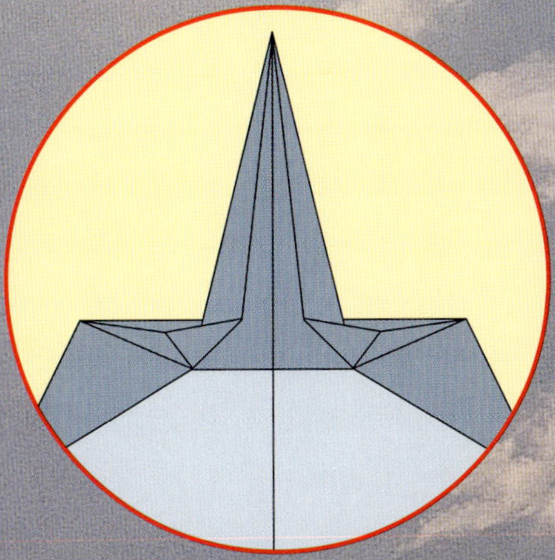

5 Den oberen Teil der Spitze entlang einer Linie etwa 2,5 cm unterhalb des in Schritt 4 gemachten Falzes wieder nach oben klappen.

6 Jetzt wird es komplizierter: Beide Außenkanten des obenauf liegenden Dreiecks sorgfältig nach innen falzen, sodass sie sich auf der Mittellinie treffen. Durch diese Faltung sollte rechts und links eine Klappe aufstehen (siehe Zeichnung). Diese Klappen fest und sauber flachdrücken und -falzen.

7 Den Flieger entlang des Mittelfalzes zusammenklappen. Das Papier um 90° drehen. Die Flügel in Verlängerung der Nase nach unten falzen.

8 Die Flügel so weit öffnen, dass sie ein klein wenig nach oben gerichtet sind (siehe Zeichnung).

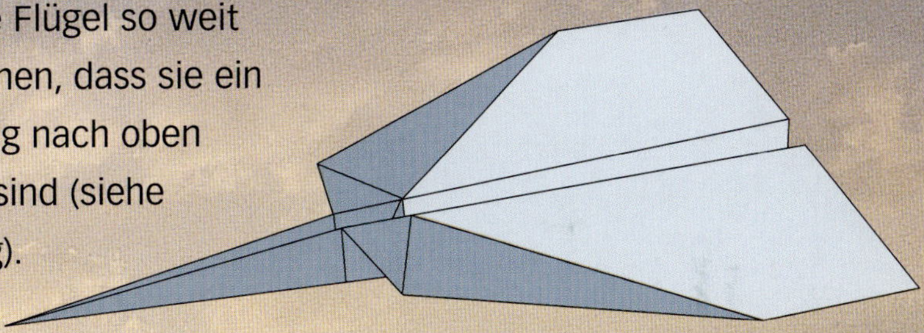

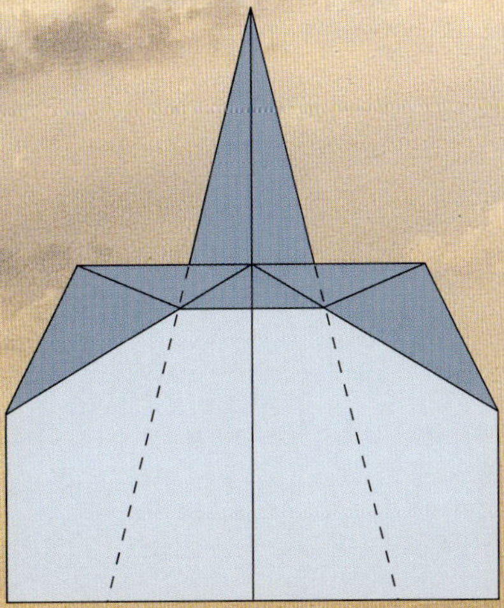

DRAKEN
MIT NACHBRENNER

Wenn Du erst einmal weißt, wie man einen Draken baut, kannst Du ihn ganz einfach zusätzlich mit einem Nachbrenner ausstatten. Bei echten Kampffliegern erzeugt solch ein zusätzliches Triebwerk am Heck einen Feuerstoß, der dem Flieger einen spektakulären Extraschub gibt.

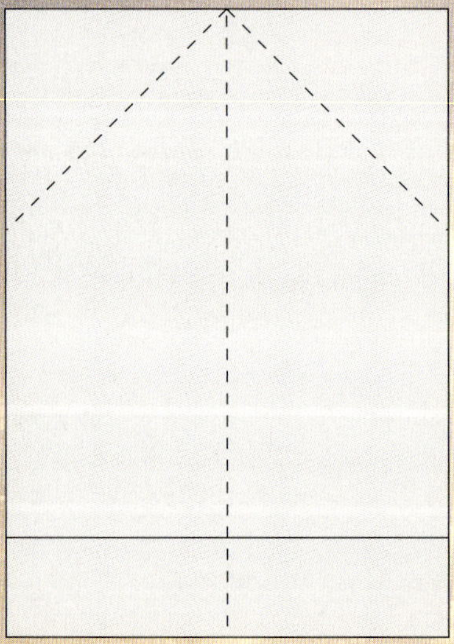

1 Von einem Blatt Papier (A4) am unteren Rand einen 5 cm breiten Streifen abschneiden. Das Blatt der Länge nach in der Mitte zusammen- und wieder auseinanderfalten.

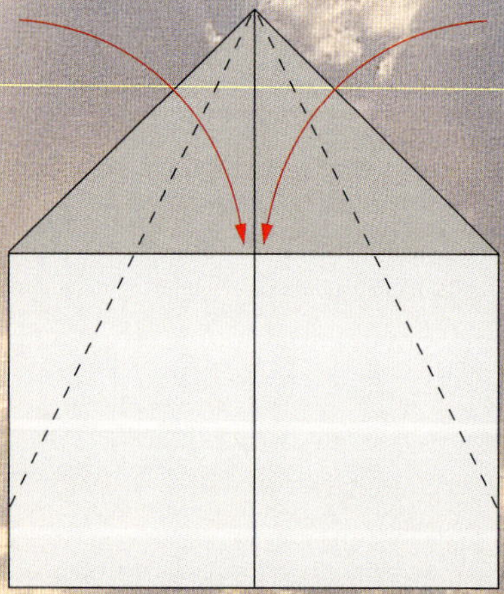

2 Die oberen Ecken diagonal nach innen auf die Mittellinie falzen. Nun die seitlichen Ecken nach innen auf die Mittellinie klappen. Die Falze sorgfältig nachziehen.

3 Von einem zweiten A4-Blatt der Länge nach einen 5 cm breiten Streifen abschneiden. Diesen der Länge nach in der Mitte zusammenfalten. Ein Ende zu einer Pfeilspitze zurechtschneiden, die genau der Spitze des Fliegers entspricht.

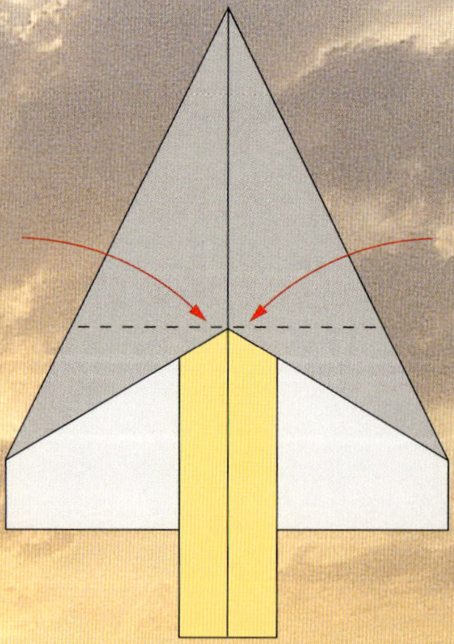

4 Den Papierstreifen mit der Spitze voraus so in die Spitze des Fliegers schieben, dass sie ganz genau ineinanderliegen.

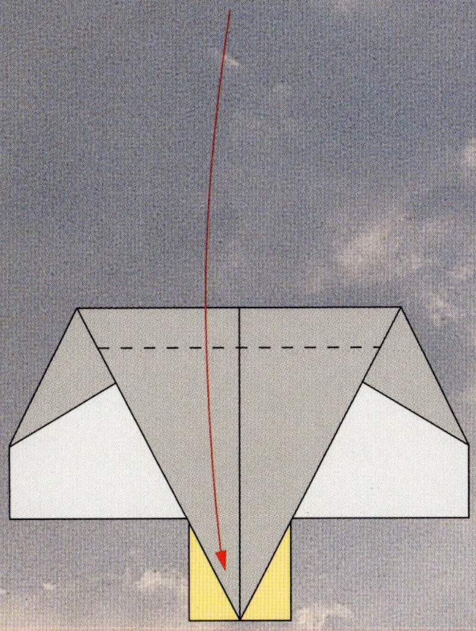

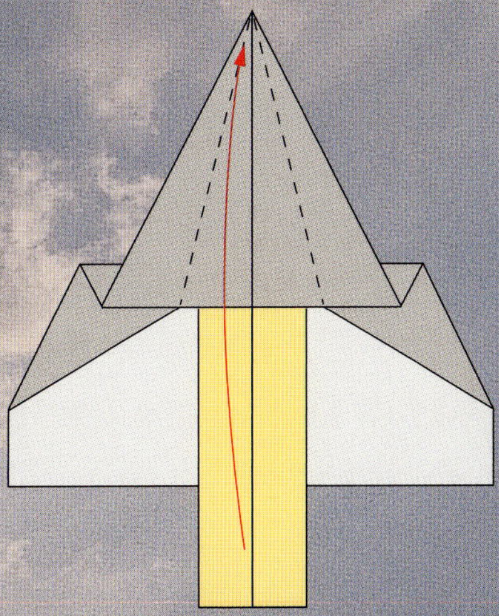

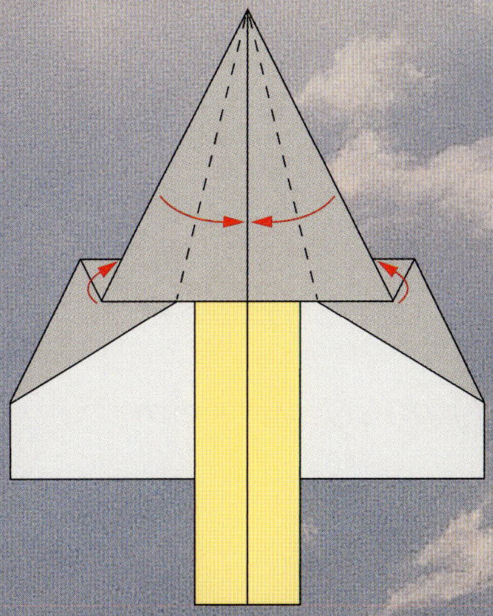

5 Die Spitze des Fliegers so nach unten klappen, dass sie mit der Unterkante des Papierstreifens abschließt.

6 Den oberen Teil der Spitze entlang einer Linie 2,5 cm unterhalb des Falzes aus Schritt 5 nach oben falzen.

7 Beide Außenkanten des obenauf liegenden Dreiecks sorgfältig so nach innen falzen, dass sie sich auf der Mittellinie treffen. Dadurch stehen rechts und links Klappen auf. Diese nun sauber flachdrücken und -falzen (siehe Schritt 6 der Draken-Anleitung).

8 Den Flieger entlang des Mittelfalzes zusammenklappen. Die Flügel in Verlängerung der Nase nach innen falzen.

9 Die Flügel der Zeichnung unten entsprechend zurechtbiegen. Der herausragende Schwanz sieht nun aus wie der Feuerstoß, den ein Nachbrenner produziert.

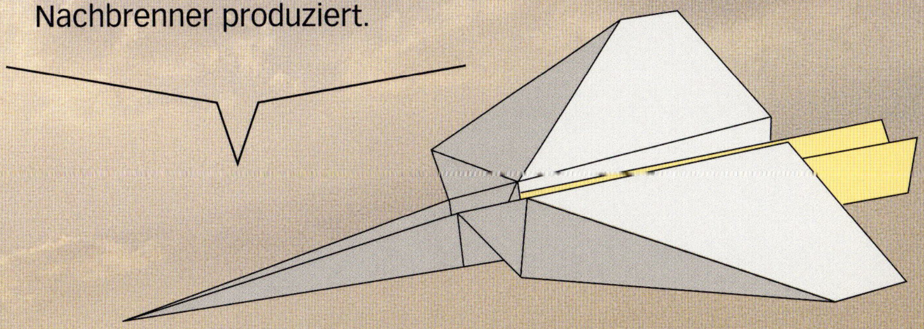

DELTA DART F-106

Dieser Papierflieger ist rasant und schnittig. Du wirst staunen, was er, mit etwas Kraft geworfen, alles kann! Der echte Delta Dart F-106, das Vorbild für diesen Flieger, konnte mehr als doppelt so schnell fliegen wie der Schall. Wie der Name schon vermuten lässt, haben Original wie Modell Pfeilform.

1 Ein Blatt Papier (A4) einmal der Länge nach genau in der Mitte nach hinten zusammen- (Bergfalte) und wieder auseinanderfalten.

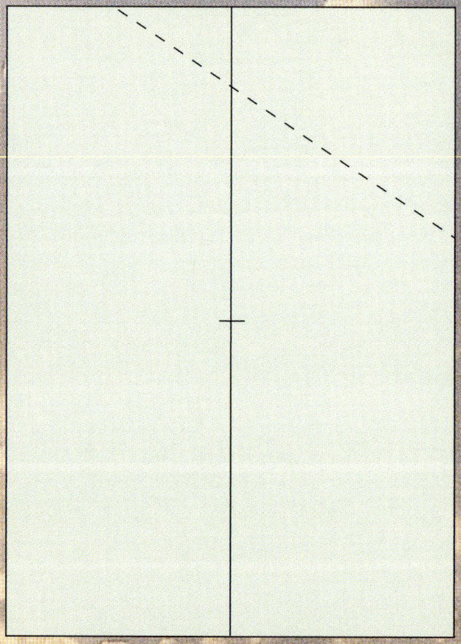

2 Mit den Fingernägeln die genaue Mitte dieses Mittelfalzes und damit die Mitte des Blattes markieren.

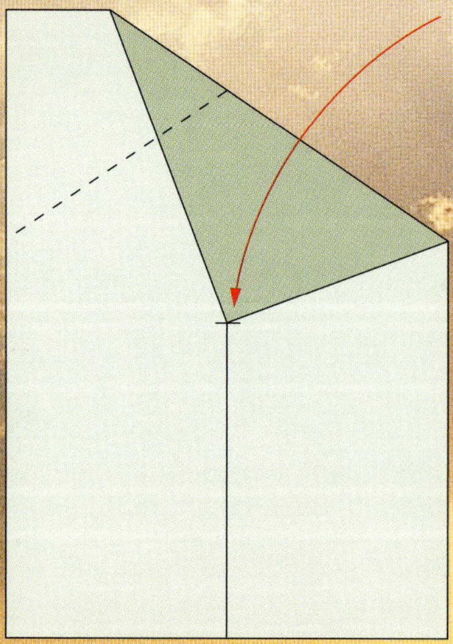

3 Die rechte obere Ecke so nach vorne falten, dass sie auf diesen Mittelpunkt zu liegen kommt.

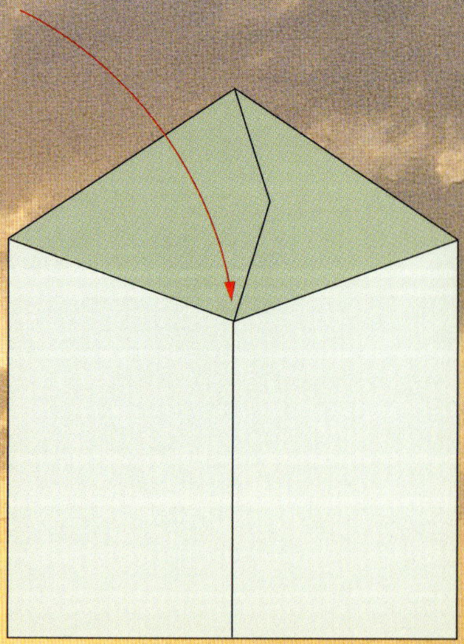

4 Die obere linke Ecke auf die gleiche Weise zum Mittelpunkt hin falten.

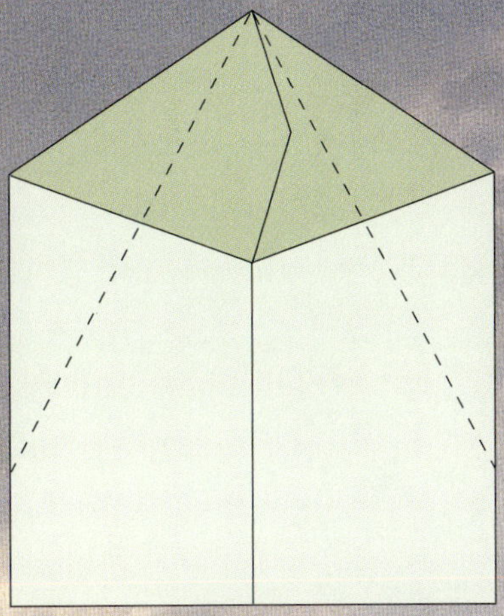

5 Nun die beiden neu entstandenen seitlichen Ecken schräg nach innen klappen.

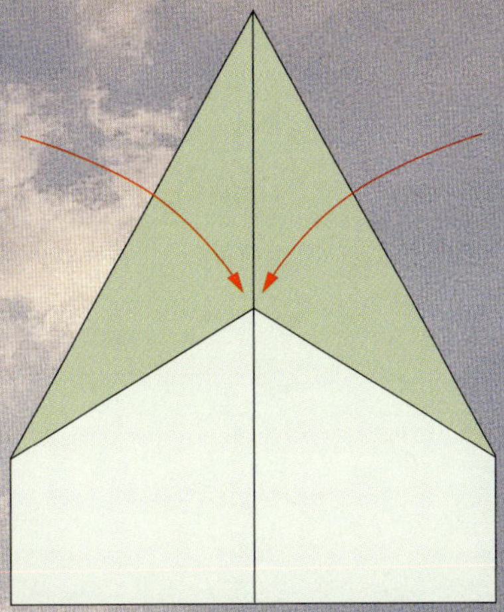

6 Die oberen Kanten der nach innen gefalzten Ecken sollten exakt an der Mittellinie zusammentreffen.

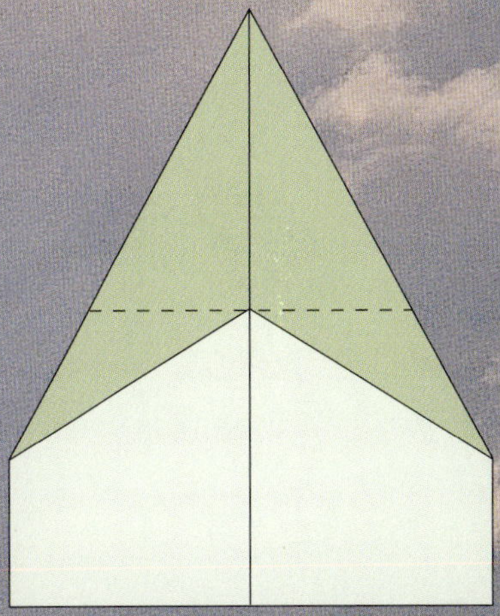

7 Der entstandene Pfeil sollte nun aussehen wie in der Zeichnung. Alle Falze sorgfältig nachziehen.

TIPP:
Die Falze müssen sehr genau ausgeführt werden, Du solltest also besser etwas dünneres, leichteres Papier verwenden.

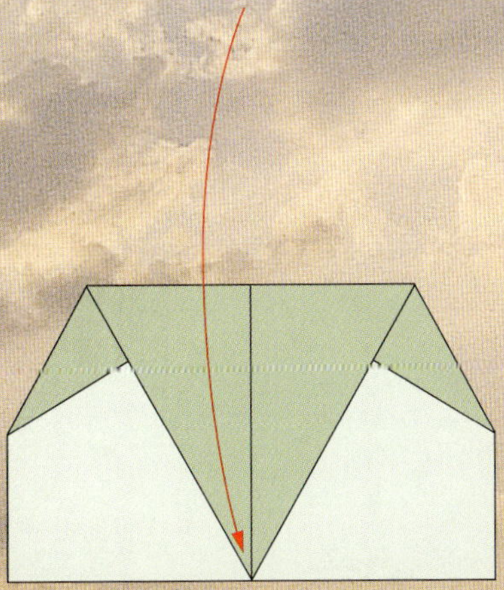

8 Die Spitze des Pfeils so nach unten klappen, dass sie genau mittig mit der Unterkante abschließt. Der waagerechte Falz sollte genau in der Mitte des Blattes liegen.

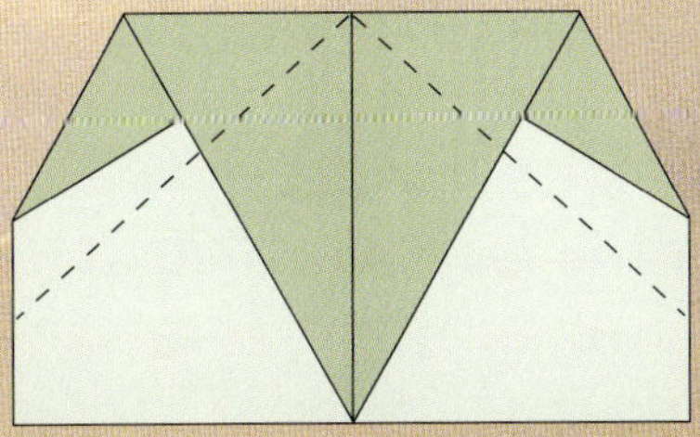

9 Nun die beiden oberen Ecken sauber schräg nach innen in Richtung Mittellinie falzen.

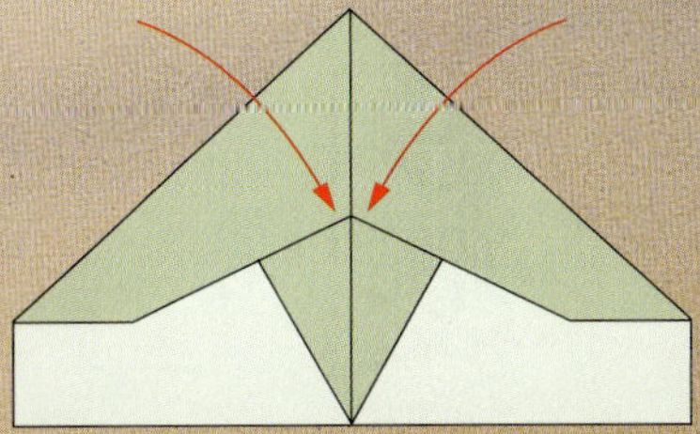

10 Die beiden kurzen Hälften der Oberkante liegen nun nebeneinander genau am Mittelfalz.

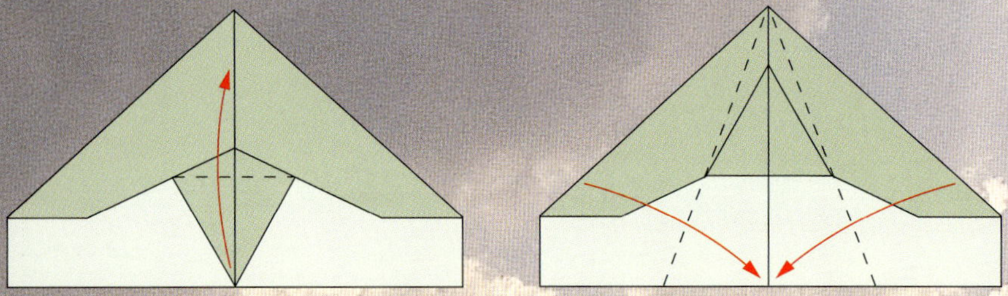

11 Zwischen den beiden eben gefalteten Klappen ragt in der Mitte ein Papierdreieck hervor. Dieses Dreieck sorgfältig über die beiden Klappen nach oben falzen – das hält den Flieger zusammen.

12 Den Flieger nun entlang der Mittellinie nach hinten zusammenklappen. Das Papier um 90° drehen und die Flügel entlang einer schrägen Linie von der Nase bis zur Unterkante nach unten falten.

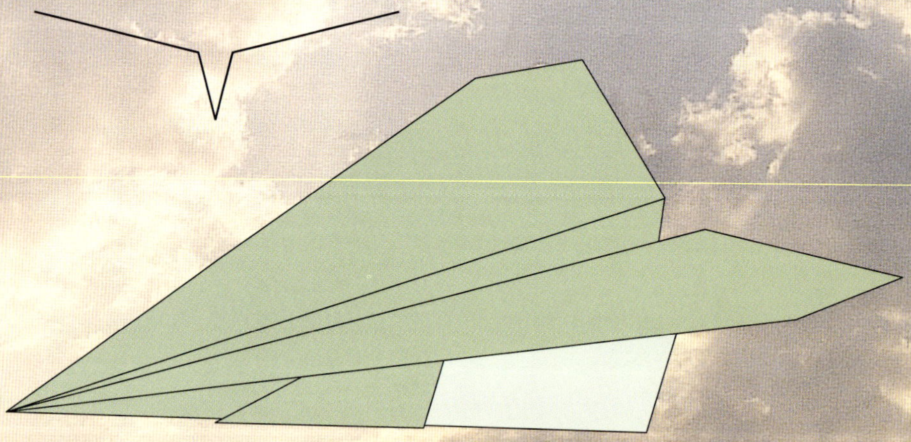

13 Die Tragflächen so einrichten, dass sie ein klein wenig nach oben zeigen, wenn man den Flieger genau von vorn betrachtet (siehe Zeichnung).

UNGLAUBLICH & UNBEKANNT

In diesem Kapitel findest Du allerhand unglaubliche und unbekannte Flugobjekte, zum Beispiel einen Flieger, der nicht viel mehr ist als eine Röhre. Natürlich liegen auch ihnen wissenschaftliche Erkenntnisse zugrunde – und doch zeigen sie auf verblüffende Weise, was ein Stück Papier, richtig gefaltet, so alles kann.

Probiere doch selbst ein wenig herum und finde heraus, was funktioniert und was nicht.

ORIGAMI-FLIEGER

Wie in der Tradition des Origami, der alten japanischen Kunst des Papierfaltens, üblich, wird dieser Flieger aus einem quadratischen Blatt Papier gebaut. Das Modell fliegt am besten, wenn man es mit viel Kraft ganz leicht abwärtswirft.

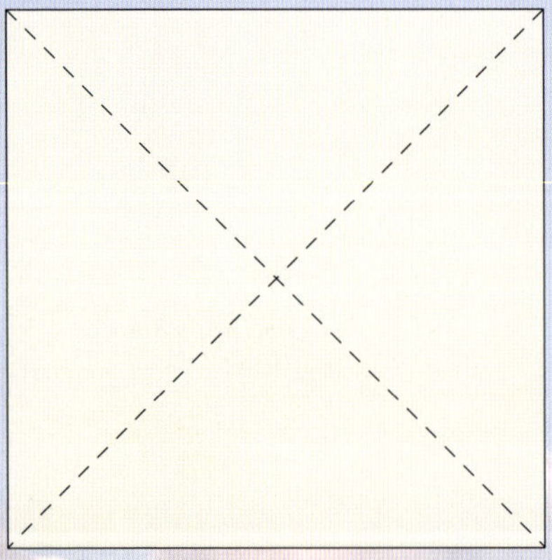

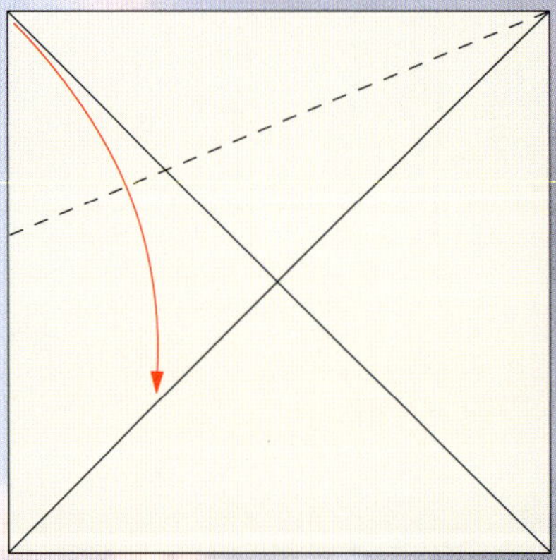

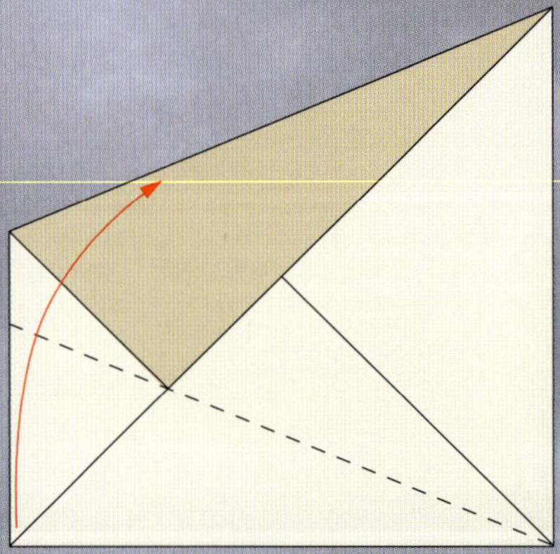

1 Ein Blatt Papier (A4) zu einem Quadrat zurechtschneiden (siehe Anleitung auf Seite 11). Mit einem Bleistift die Diagonalen einzeichnen.

2 Die obere linke Ecke so nach innen falten, dass die lange Kante genau auf die Diagonale von rechts oben nach links unten zu liegen kommt.

3 Nun die linke untere Ecke so nach oben klappen, dass die lange Kante genau auf die andere Diagonale zu liegen kommt.

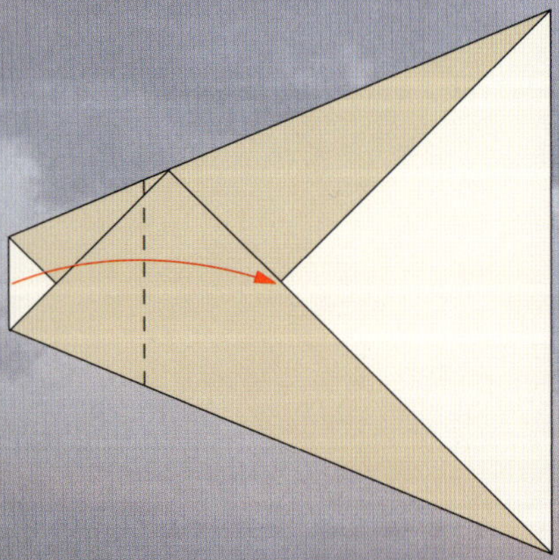

4 Die kurze linke Kante (Nase) so nach innen falten, dass ihr Mittelpunkt genau auf den Schnittpunkt der beiden Diagonalen trifft.

5 Diese Klappe in der Hälfte nach innen falzen und unter die obere Hälfte klappen.

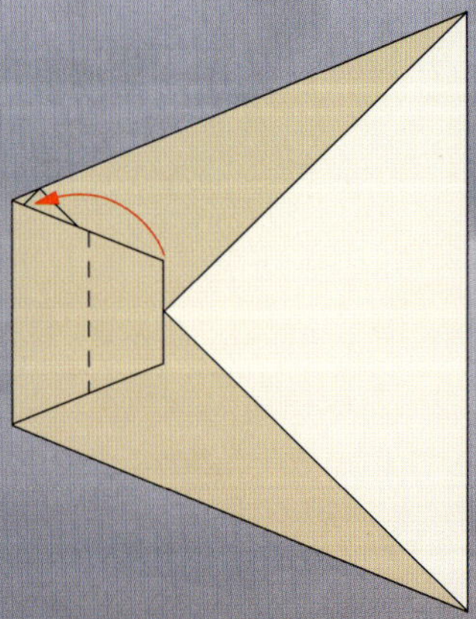

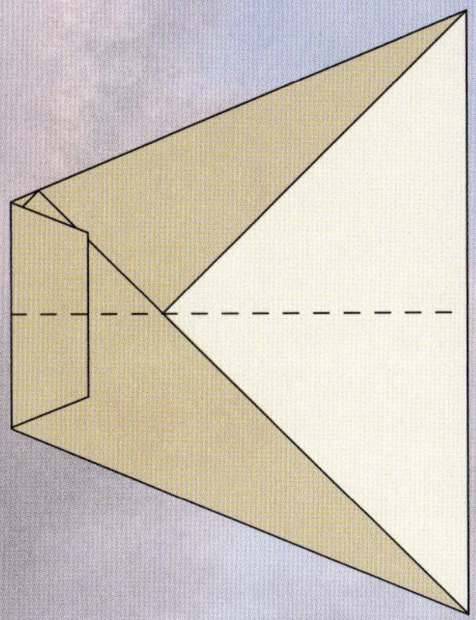

6 Den Flieger genau in der Mitte nach hinten zusammenklappen (Bergfalte).

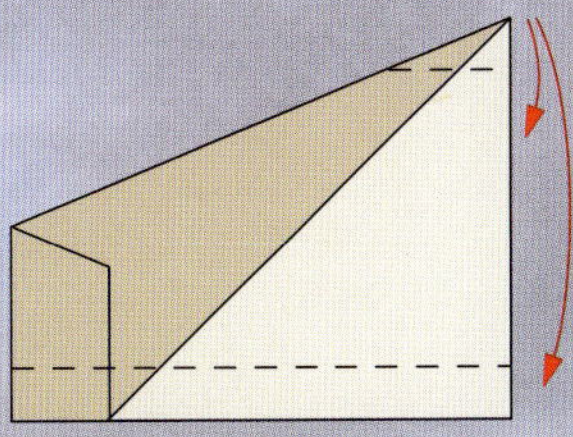

7 Auf beiden Seiten die Flügel sauber nach unten falzen. Die äußersten Spitzen im rechten Winkel zu den Tragflächen nach unten abknicken.

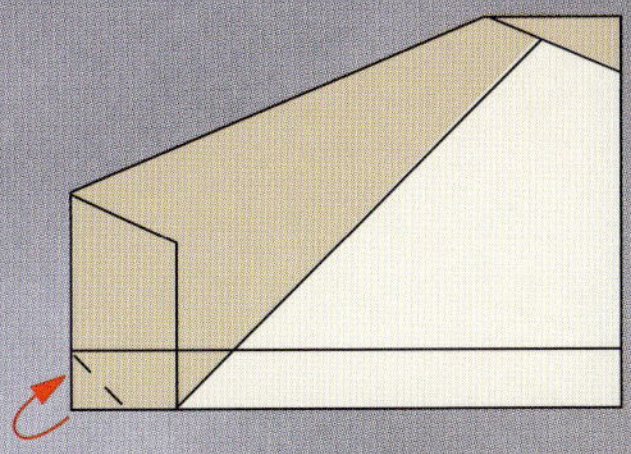

8 Die vordere untere Ecke diagonal scharf nach oben abknicken. Den Falz wieder öffnen. Die Ecke so weit nach innen in Richtung Mittellinie drücken, dass sie von selbst in dieser Position bleibt. Das erhöht die Stabilität und verhindert Überziehen.

9 Den Flieger wieder auseinanderklappen, und die Tragflächen so ausrichten, dass sie ein wenig über die Waagerechte hinaus nach unten weisen (siehe Zeichnung).

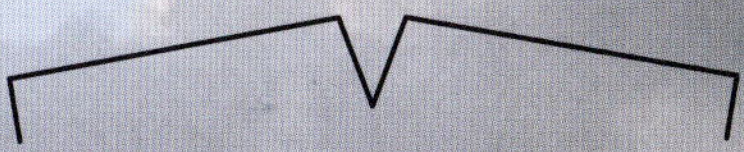

TIPP:

Wenn man diesen Flieger kräftig ein wenig abwärtswirft, gleitet er lange majestätisch dahin. Er gehört, was den Bau betrifft, zu den einfachsten in diesem Buch. Er ist aber sicher auch einer der besten.

MITRA

Eine Mitra ist die Kopfbedeckung eines Bischofs. In seiner Form ähnelt dieser Wunderflieger einer solchen Bischofsmütze. Unser Modell beweist, dass auch extrem ungewöhnliche Objekte prima fliegen können. Wenn dieser Flieger Dich nicht zum Experimentieren ansport, dann tut es wahrscheinlich keiner.

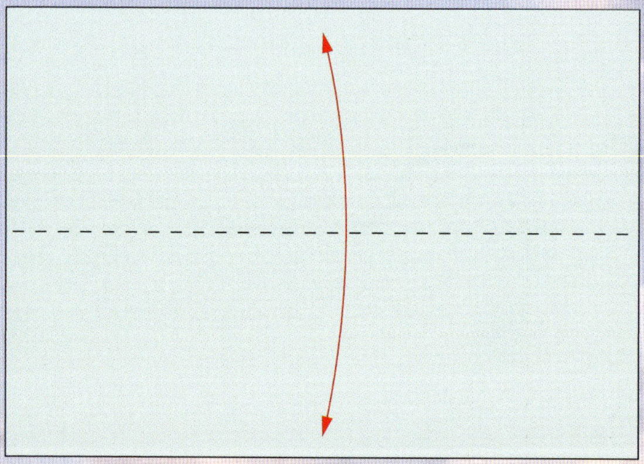

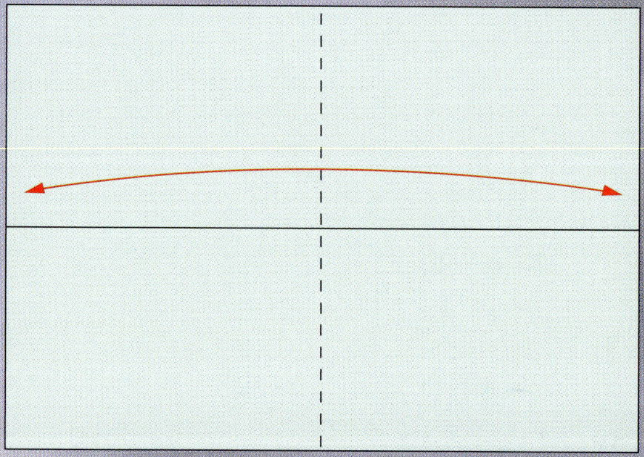

1 Ein Blatt Papier (A4) zunächst einmal der Länge und dann einmal der Breite nach genau mittig zusammen- und wieder auseinanderfalten.

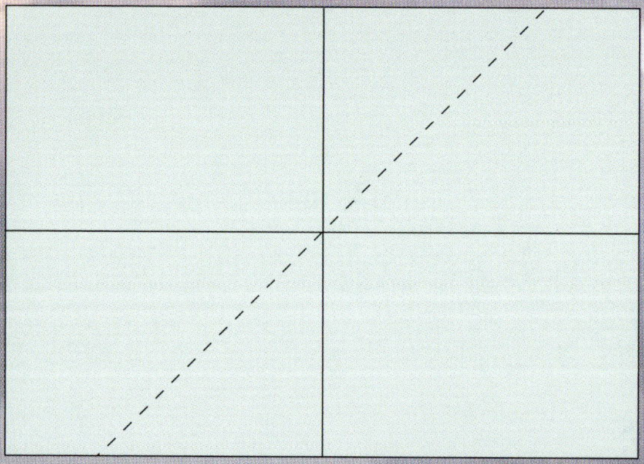

2 Das Blatt diagonal (in einem 45°-Winkel) durch den Schnittpunkt der beiden Falze aus Schritt 1 (Blattmittelpunkt) zusammenfalten.

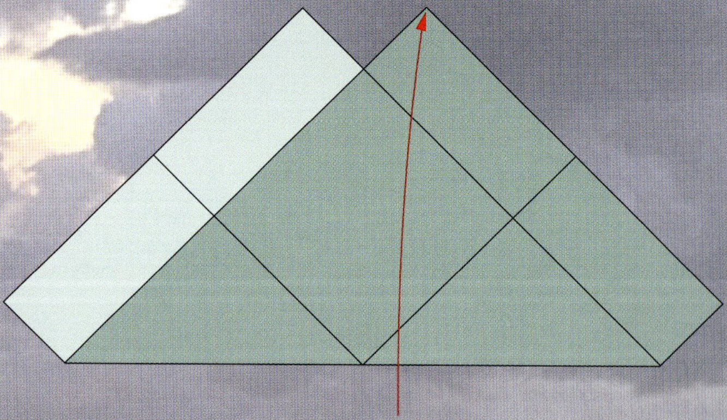

3 Das Blatt so drehen, dass der diagonale Falz waagerecht unten liegt. Die linke obere Ecke und die heraufgeklappte rechte untere Ecke sollten nun auf gleicher Höhe liegen (siehe Zeichnung).

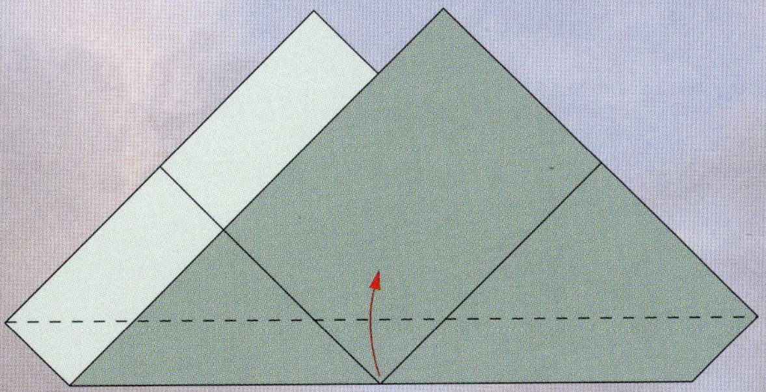

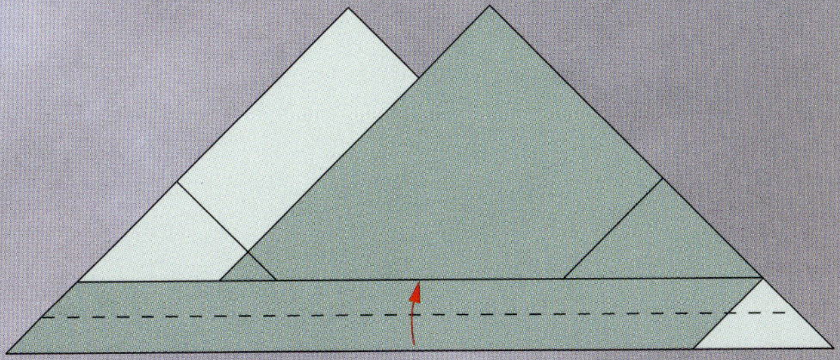

4 Die Unterkante entlang der Linie von linker zu rechter seitlicher Ecke nach oben klappen. Diesen Falz besonders sorgfältig nachziehen, damit er sich nicht wieder öffnet.

5 Den vierlagigen Streifen am unteren Rand des Papiers der Länge nach genau in seiner Hälfte nach oben zusammenklappen.

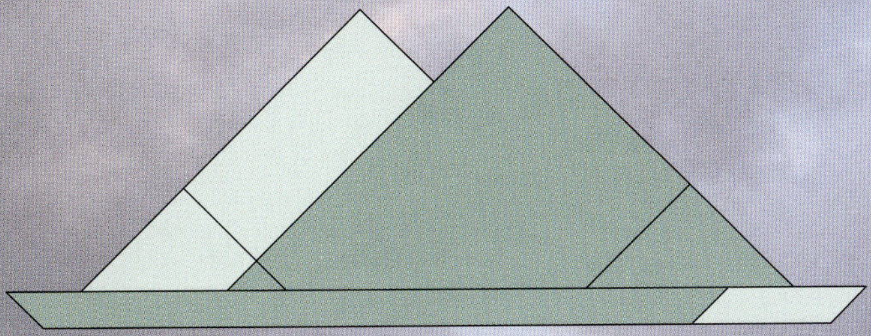

6 Auf jeder Seite des Streifens sollte nun eine Spitze hervorragen.

7 Diese beiden Spitzen so nach vorne zusammenführen, dass ein Ring entsteht. Das Gebilde ähnelt in seiner Form nun einer Bischofsmütze.

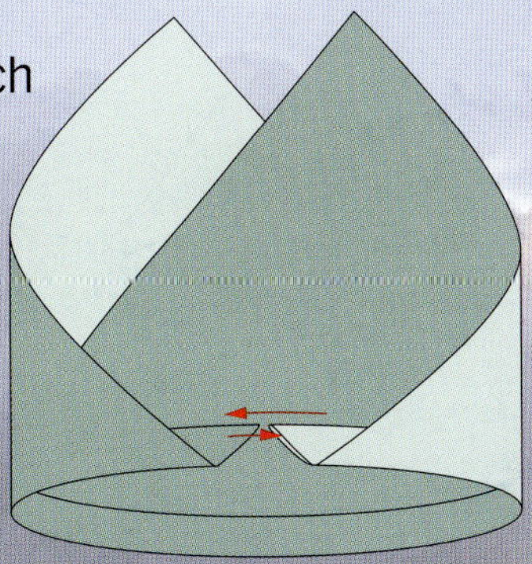

8 Den Ring schließen, indem Du die linke Endspitze des gefalteten Streifens in die rechte steckst. Nicht verzweifeln, wenn die Enden immer wieder auseinanderrutschen. Notfalls darf man hier ausnahmsweise mit etwas Klebeband nachhelfen.

TIPP:

Diesen Flieger sollte man sehr behutsam und möglichst waagerecht werfen. Die Spitzen müssen nach unten gerichtet sein und nach hinten zeigen, die Verbindungsstelle sollte nach oben und vorne weisen.

U2-SPIONAGEFLUGZEUG

Dies ist der aerodynamisch interessanteste Flieger in diesem Buch. Mit einer extremen Flügelspannweite und schmalen Tragflächen ist seine sogenannte Streckung – das Verhältnis von Spannweite zu Flügeltiefe – besonders groß. Das sind die besten Voraussetzungen für einen ausgezeichneten Gleiter. In dieser Hinsicht ähnelt er dem streng geheimen amerikanischen Spionageflugzeug U2.

1 Ein Blatt Papier (A4) der Länge nach in der Mitte durchschneiden. Du kannst nun gleich zwei Flieger bauen.

2 Eine der Blatthälften der Länge nach genau in der Mitte falten. Den Knick sorgfältig nachziehen, dann das Blatt wieder entfalten.

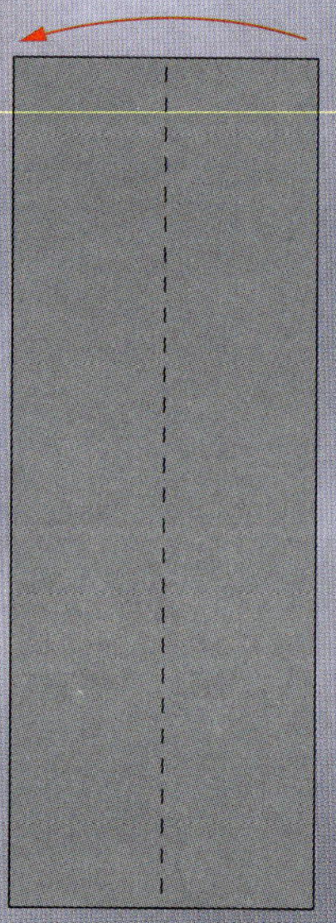

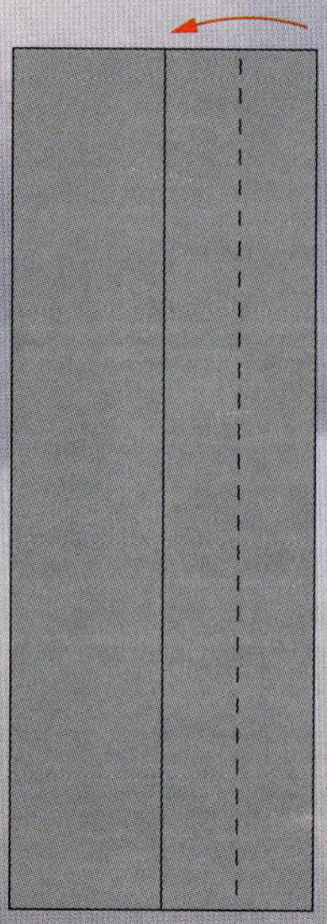

3 Die rechte Längskante so nach innen falten, dass sie auf den Mittelfalz zu liegen kommt.

4 Die so entstandene Klappe der Länge nach noch einmal genau in der Mitte falten, sodass die Außenkante wiederum auf die Mittellinie zu liegen kommt.

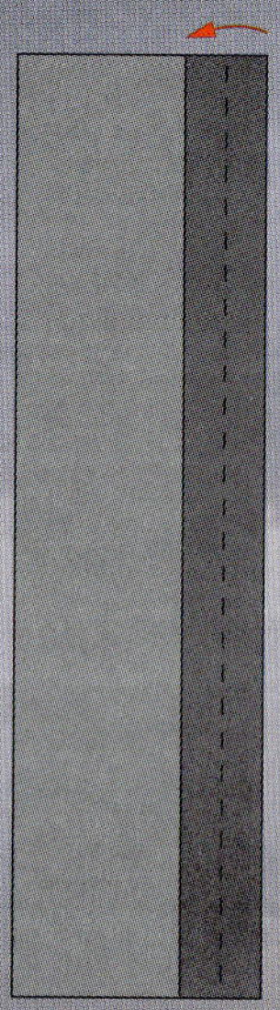

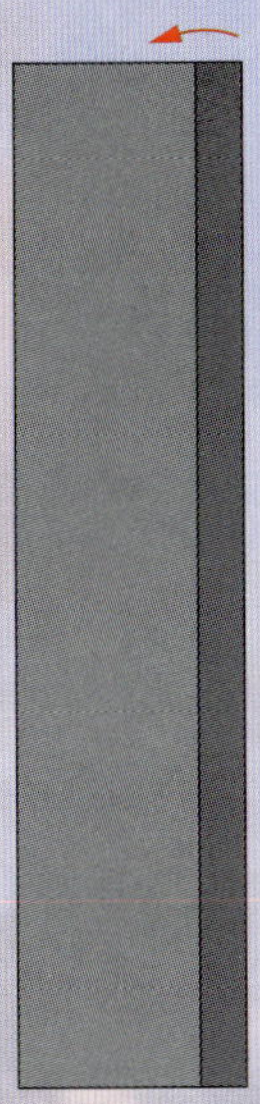

5 Den ganzen gefalteten Streifen entlang der ursprünglichen Mittellinie noch einmal sauber nach innen falten.

6 Der mehrfach gefaltete Streifen sollte nun auf der linken Hälfte des ursprünglichen Blattes liegen.

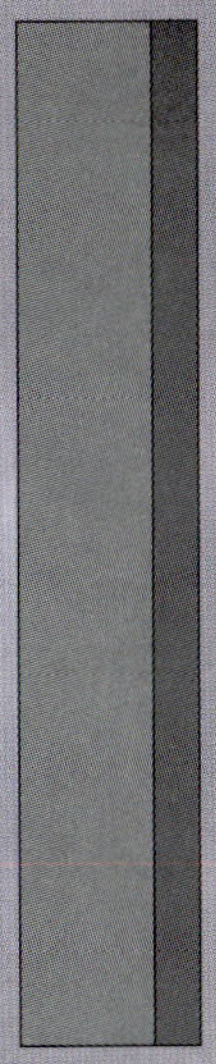

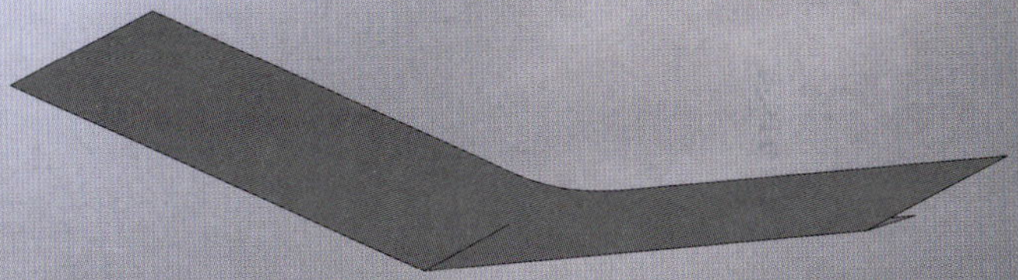

7 Das Papier wenden und es von dem verdickten Streifen aus mittig der Breite nach falten. Dieser Falz sollte jedoch nicht über die ganze Breite gehen, sondern nur etwa über die Hälfte. Den Falz kräftig mit den Fingernägeln zwischen Daumen und Zeigefinger nachziehen.

8 Die Seite mit dem verstärkten Rand ist nun durch einen Knick in der Mitte unterteilt, während der hintere Teil der Tragflächen ungeknickt bleibt. Durch den Nasenfalz rundet sich die Tragflächenhinterkante je nach Neigungswinkel der Flügel.

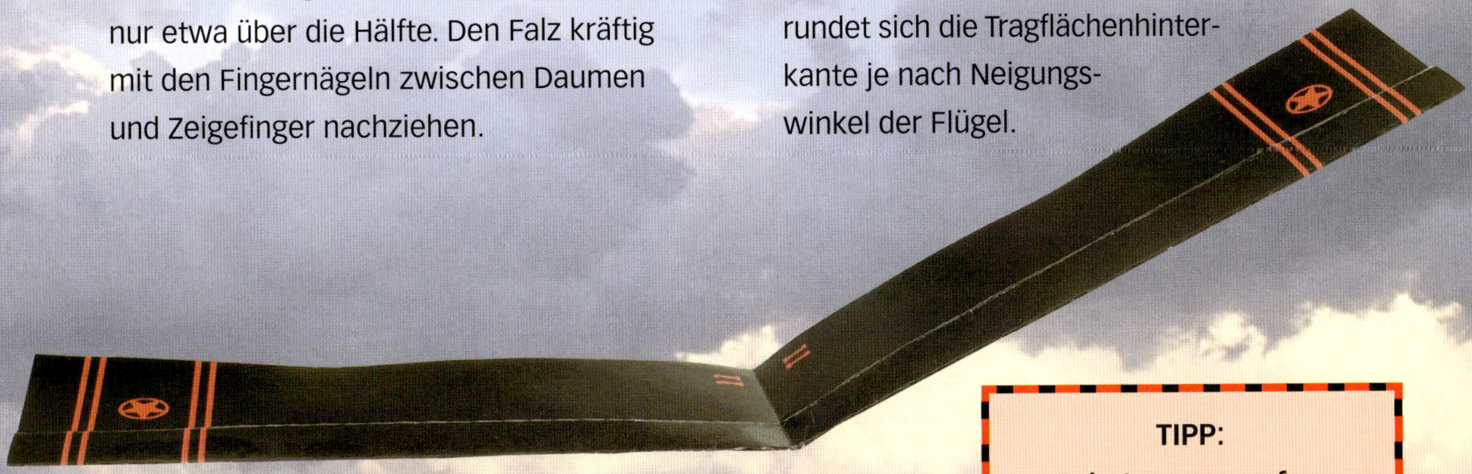

TIPP:
Behutsam geworfen, gleitet dieser Flieger ganz langsam und gemächlich.

HELIKOPTER

Dieser Flieger ist ein Klassiker unter den Papierspielzeugen. Man lässt ihn einfach aus einer gewissen Höhe fallen, und schon kreiselt er wie ein Ahornsamen in Richtung Boden. Mit Helikoptern kann man prima Wettflüge veranstalten: Der Helikopter, der am längsten in der Luft bleibt, gewinnt.

1 An der Längsseite eines A4-Blattes einen 5 cm breiten Streifen abschneiden. Den Streifen nun gemäß der Zeichnung links bearbeiten. Achtung: Nur die durchgezogenen Linien markieren Schnitte, entlang der gestrichelten wird gefaltet!

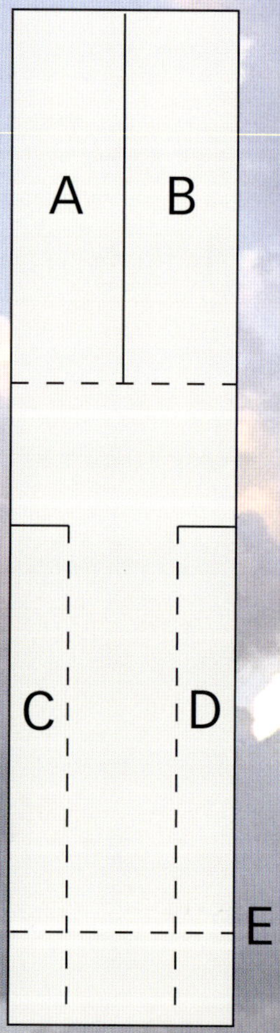

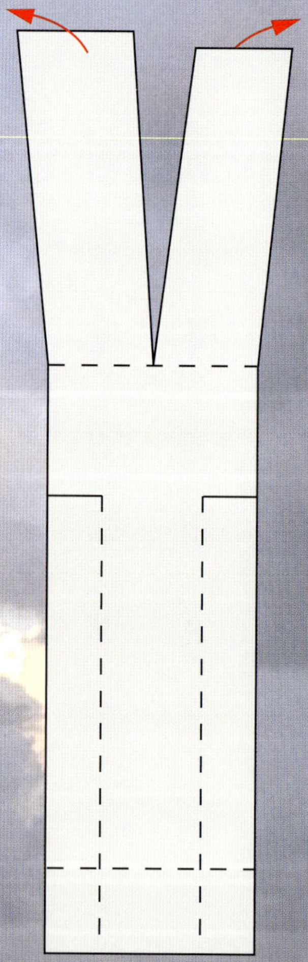

2 Streifen A entlang der gestrichelten Linie am unteren Ende im rechten Winkel nach vorn und Streifen B nach hinten falten.

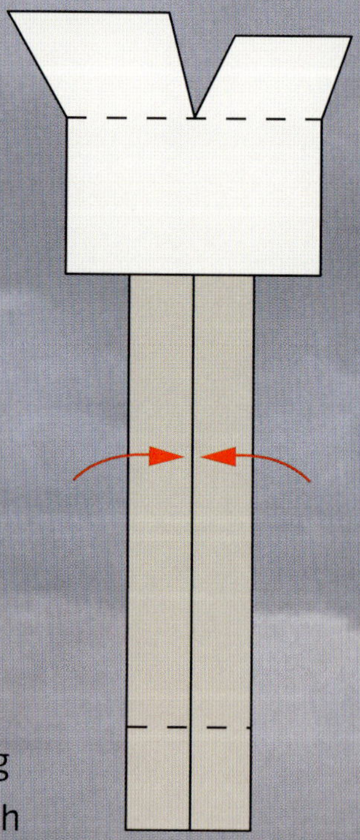

3 Die Streifen C und D entlang der gestrichelten Linien nach vorne umklappen.

4 Die untere Kante entlang der Linie E abknicken, um dem Helikopter etwas Gewicht zu verleihen. Wenn nötig, kannst Du zusätzlich mittig eine Büroklammer befestigen.

5 Der fertige Helikopter sollte aussehen wie auf der Zeichnung unten. Um ihn fliegen zu lassen, lass ihn einfach mit den Rotorblättern nach oben und dem Gewicht nach unten in beliebiger Höhe fallen, und er wird anmutig in Richtung Boden kreiseln.

SÄBELZAHN

Dieser Flieger hat einen doppelten Rumpf und eine doppelzackige Nase. Er ist einer der besten Gleiter, die ich kenne. Allerdings ist auch kein Flieger in diesem Buch schwieriger zu falten. Aber wenn Du dieses Modell erst einmal beherrschst, faltest Du wahrscheinlich jeden anderen Papierflieger mit links.

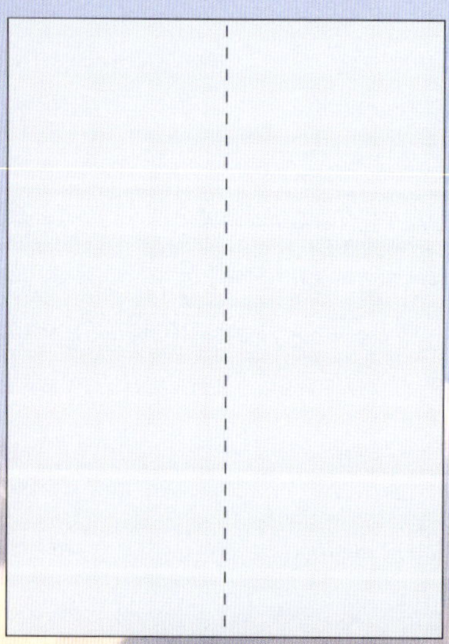

1 Ein Blatt Papier (A4) einmal der Länge nach genau in der Mitte nach vorn zusammen- (Talfalte) und wieder auseinanderfalten.

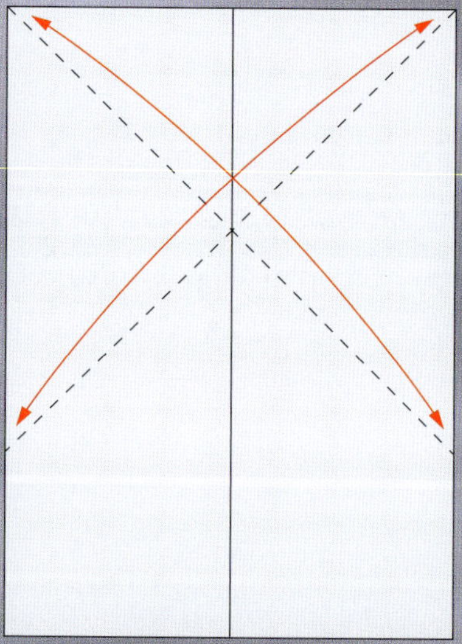

2 Die obere rechte Ecke diagonal so nach innen falten, dass die Oberkante genau mit der linken Seitenkante abschließt. Den Falz sorgfältig nachziehen. Das Blatt wieder aufklappen. Mit der linken oberen Ecke ebenso verfahren.

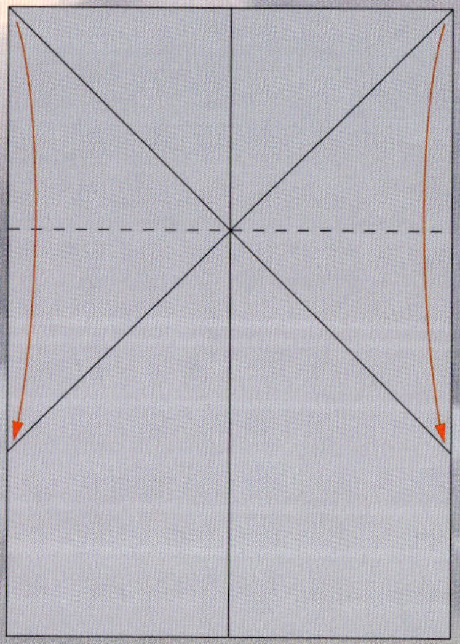

3 Das Blatt wenden, sodass die Rückseite oben liegt. Die obere Kante horizontal so nach unten klappen, dass die Faltlinie durch den Schnittpunkt der beiden diagonalen Falze aus Schritt 2 verläuft.

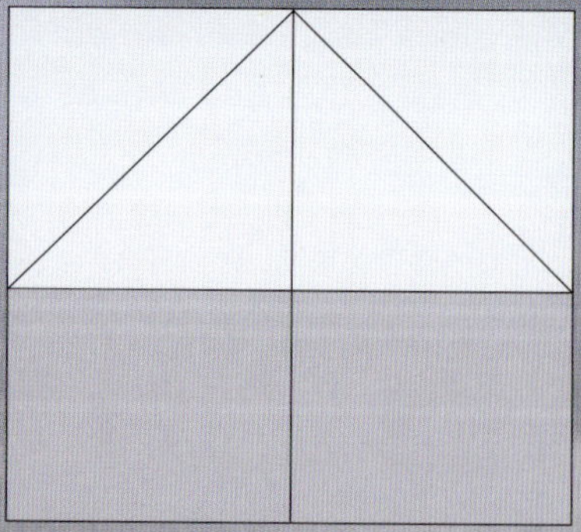

4 Den Falz gründlich nachziehen, dann das Blatt wieder aufklappen.

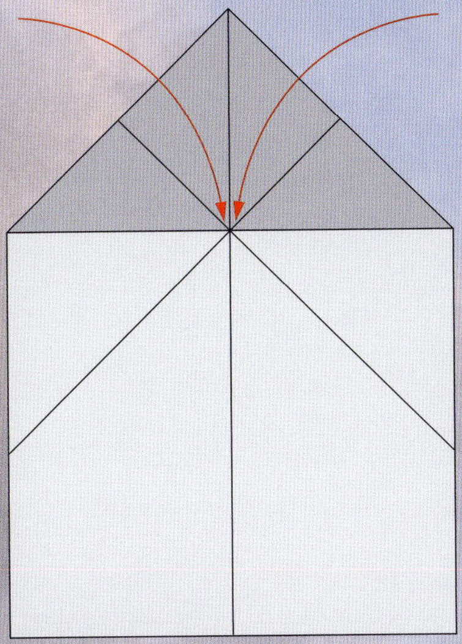

5 Das Blatt erneut wenden. Die oberen Ecken diagonal jeweils so nach innen falten, dass beide Hälften der Blattoberkante an der Mittellinie zusammentreffen.

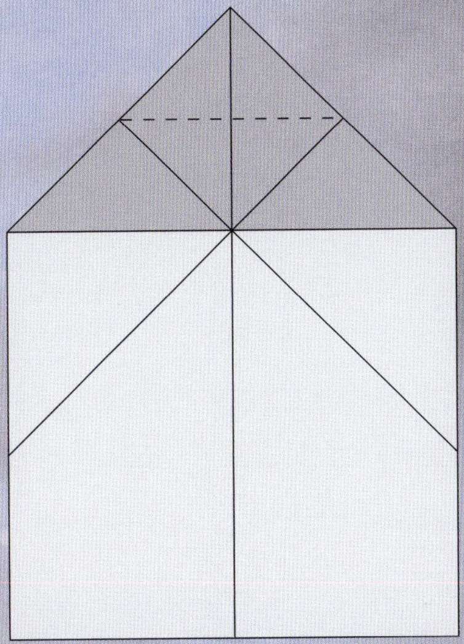

6 Die obere Hälfte des in Schritt 5 entstandenen Dreiecks nach unten klappen.

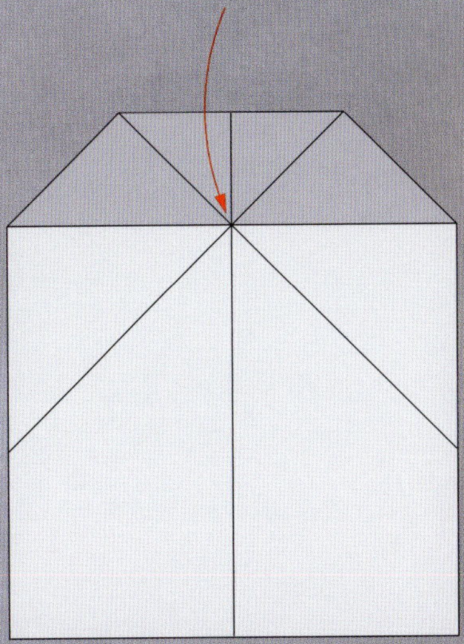

7 Die Spitze des Dreiecks sollte dabei auf den Schnittpunkt der beiden diagonalen Falze aus Schritt 2 zu liegen kommen.

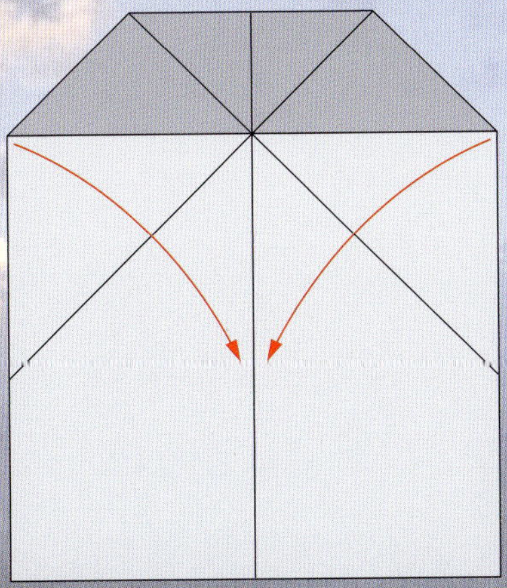

8 Jetzt wird es knifflig: Die äußeren Ecken der waagerechten Falte, die in Schritt 3 entstanden ist, diagonal entlang der vorhandenen Falze nach innen in Richtung Mittelfalz drücken.

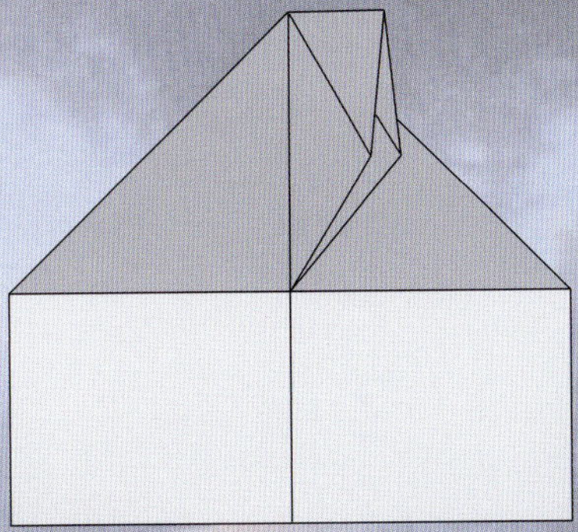

9 Dabei sollte in der Mitte ein rautenförmiger Trichter entstehen.

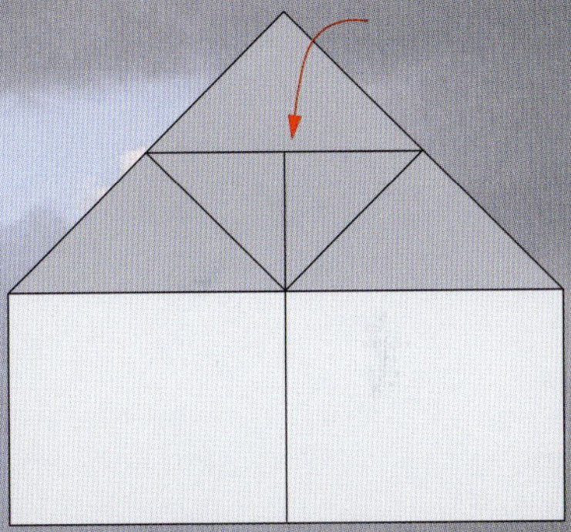

10 Den Trichter von oben nach unten, den bereits vorhandenen Falzen folgend, zu einer Raute flachdrücken. Die Randfalze nachziehen.

11 Die obere Hälfte der Raute nach hinten hinter das Blatt klappen. Den Falz sauber nachziehen.

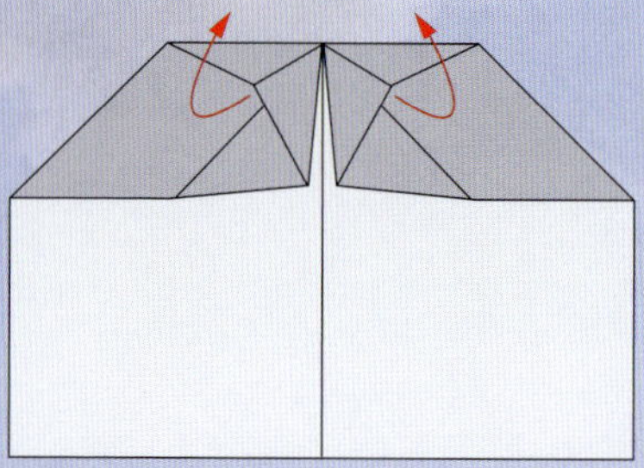

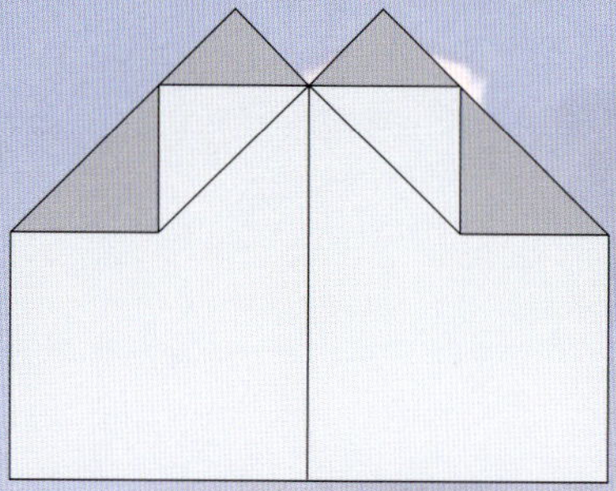

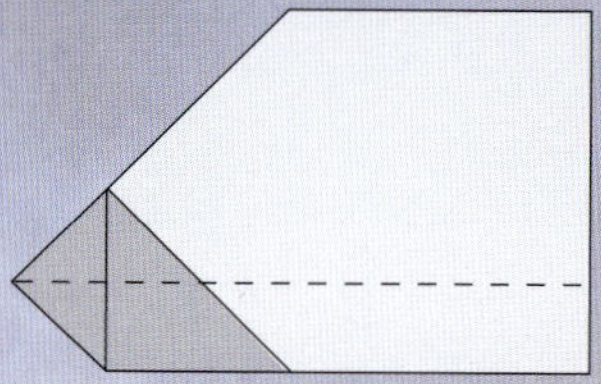

12 Das Papier fest auf die Arbeitsunterlage drücken, sodass die umgeklappte Spitze sich nicht wieder lösen kann. Mit den Zeigefingern die beiden dreieckigen Taschen oben hochziehen und nach vorne drücken.

13 Beide Klappen flachdrücken und die Falze sorgfältig nachziehen. Auf diese Weise sollten zwei dreieckige, nach oben weisende Spitzen entstanden sein.

14 Bald ist es geschafft! Den Flieger entlang der Mittellinie nach vorn zusammenklappen. Um 90° drehen. Die Tragflächen entlang einer waagerechten, von der Nasenspitze aus parallel zur Unterkante verlaufenden Linie sorgfältig nach unten falzen.

16 Die Tragflächen gemäß der Skizze einrichten. Die äußeren Ränder der Flügel 1 cm breit im rechten Winkel nach unten abknicken.

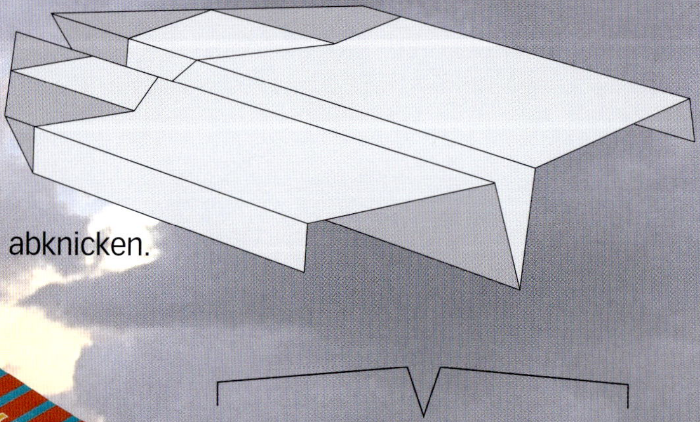

15 Den Flieger umdrehen und Schritt 14 auf der anderen Seite wiederholen. Von oben betrachtet, sollte der Flieger nun aussehen wie auf der Zeichnung oben.

FLUGWETTBEWERBE

Es gibt im Wesentlichen drei Disziplinen, in denen Papierfliegerwettbewerbe ausgetragen und Weltrekorde aufgestellt werden: Flugdauer, Flugweite und Größe. Offizielle Flugwettkämpfe werden in geschlossenen Räumen veranstaltet. Nur so sind Windstille und vergleichbare Bedingungen gewährleistet. Ein Windstoß könnte einen Flieger hoch in die Luft heben und so einen falschen Rekord begünstigen, er könnte aber ebenso gut alle Hoffnungen eines tollen Modells zunichte machen, indem er den Flieger gegen eine Mauer oder auf den Boden weht.

Für einen Guinness-Buch-Rekord hat jeder Herausforderer zehn Würfe pro Versuch. Diese müssen von zwei unabhängigen Zeugen von „vertrauenswürdigem Charakter" bestätigt werden.

Flugdauer

Entscheidend ist hier ganz einfach die Zeitspanne von dem Moment, in dem der Flieger die Hand des Werfers verlässt, bis zu seinem ersten Bodenkontakt.

Für Höchstleistungen muss man den Flieger senkrecht in die Luft werfen, um ihm erst einmal eine gewisse Ausgangshöhe mitzugeben. Richtig geworfen, sollte er sich fangen und in weiten Kreisen langsam in Richtung Erde gleiten. Die Größe des Kreisbogens ist entscheidend: Man möchte ja weder, dass der Flieger an der Wand entlangschrappt (zu weit), noch soll er unkontrollierte Spiralen fliegen (zu eng). Die Feineinstellung ist der Schlüssel zum Erfolg, wie dem des Weltrekordhalters Ken Blackburn aus den USA.

Flugweite

Bei dieser Disziplin wird in einer Halle auf dem Boden eine Linie gezogen, von der aus jeder Teilnehmer seinen Flieger werfen muss. Die gültige Weite ist die Entfernung von dieser Linie bis zu dem Punkt, an dem der Flieger zum ersten Mal den Boden berührt.

Die besten Ergebnisse erzielen Flieger, die geradeaus fliegen. Wieder verdanken echte Profis ihre Bestleistungen einer perfekten Feineinstellung. Der Flieger sollte unendlich weit fliegen, am Ende aber nicht vor den eigenen Füßen landen, weil er im Kreis geflogen ist. Es gibt zwei Möglichkeiten, einen Langstreckenrekord aufzustellen: durch einen langen Gleitflug oder extrem hartes Werfen – und sehr viel Glück.

Meine Lieblingsvariante des Weitflugs gehört noch nicht zu den Weltrekorddisziplinen: Man lässt einen Flieger aus einer bestimmten Höhe fallen, ohne ihm aktiv Vorwärtsschub zu geben. Bei dieser Methode zeigt sich wirklich, welche Modelle am besten gleiten, Technik und Kraft des Werfers spielen überhaupt keine Rolle. In dieser Disziplin können also problemlos auch Kinder gegen Erwachsene antreten.

Größe

Bei Wettbewerben dieser Art entscheidet die Flügelspannweite eines Fliegers, der in einem geschlossenen Raum eine Strecke von 15,24 m zurücklegen kann. Der Weltrekord liegt bei einer Spannweite von 12,45 m und wurde von einem Team aus Studenten der Luft- und Raumfahrttechnik an der niederländischen Universität Delft am 16. Mai 1995 aufgestellt. Davor hielten ein paar Schulkinder aus Hampton in den USA den Rekord. In dieser Kategorie darf nur mit Papier und Klebstoff gearbeitet werden, es kann also jeder mitmachen.

REGELN UND REKORDE

Rekorde Flugdauer

Guinness-Weltrekord: 27,6 Sekunden, aufgestellt von Ken Blackburn, 8. Oktober 1998
Guinness-Rekord Großbritannien: 20,9 Sekunden, aufgestellt von Chris Edge und Andy Currey, 28. Juli 1996

Rekorde Flugweite

Guinness-Weltrekord: 58,82 m, aufgestellt von Tony Fletch, 21. Mai 1985
Guinness-Rekord Großbritannien: 31,7 m, aufgestellt von Andy Currey, 19. September 1997

Regeln

Bei Rekordversuchen für Flugdauer und -weite gibt es eine Menge Regeln. Die wichtigsten sind folgende:

- Es darf nur ein einziges Blatt Papier (A4 oder amerikanisches Schreibpapierformat) verwendet werden. Das Papier darf nicht schwerer sein als 100 g/m^2.
- Ein Stück Klebestreifen der Größe 25 x 30 mm darf in beliebig viele Stücke zerschnitten und benutzt werden, um damit Falze zu fixieren. Das Klebeband darf jedoch nicht dem Beschweren des Fliegers oder der Verbesserung seiner Aerodynamik dienen.
- Klebstoff ist verboten.
- Das Papier darf zwar zerschnitten werden, einmal abgeschnittene Stücke dürfen jedoch nicht wieder angefügt werden.
- Wenn der Flieger während des Fluges irgendetwas berührt, und sei es nur ein Kabel, wird der Versuch für ungültig erklärt.
- Der Flieger darf nur von einer einzigen Person und ohne langen Anlauf geworfen werden.
- Die Füße des Werfers dürfen den Boden nicht absichtlich verlassen. Auch darf der Werfer während des Wurfs nicht erhöht, also zum Beispiel auf einem Podest, stehen.
- Jeder Weltrekordversuch besteht aus maximal zehn Würfen.
- Bei Weitflugwettbewerben darf der Werfer die Abwurflinie nicht übertreten.

Falz 17
Falz 16
Falz 15
Falz 14
Falze 2 und 8
Falz 13
Falz 12
Falz 11
Falz 10
Falze 1 und 7
Falz 6
Falz 5
Falz 4
Falz 3
Vulcan-
Bomber

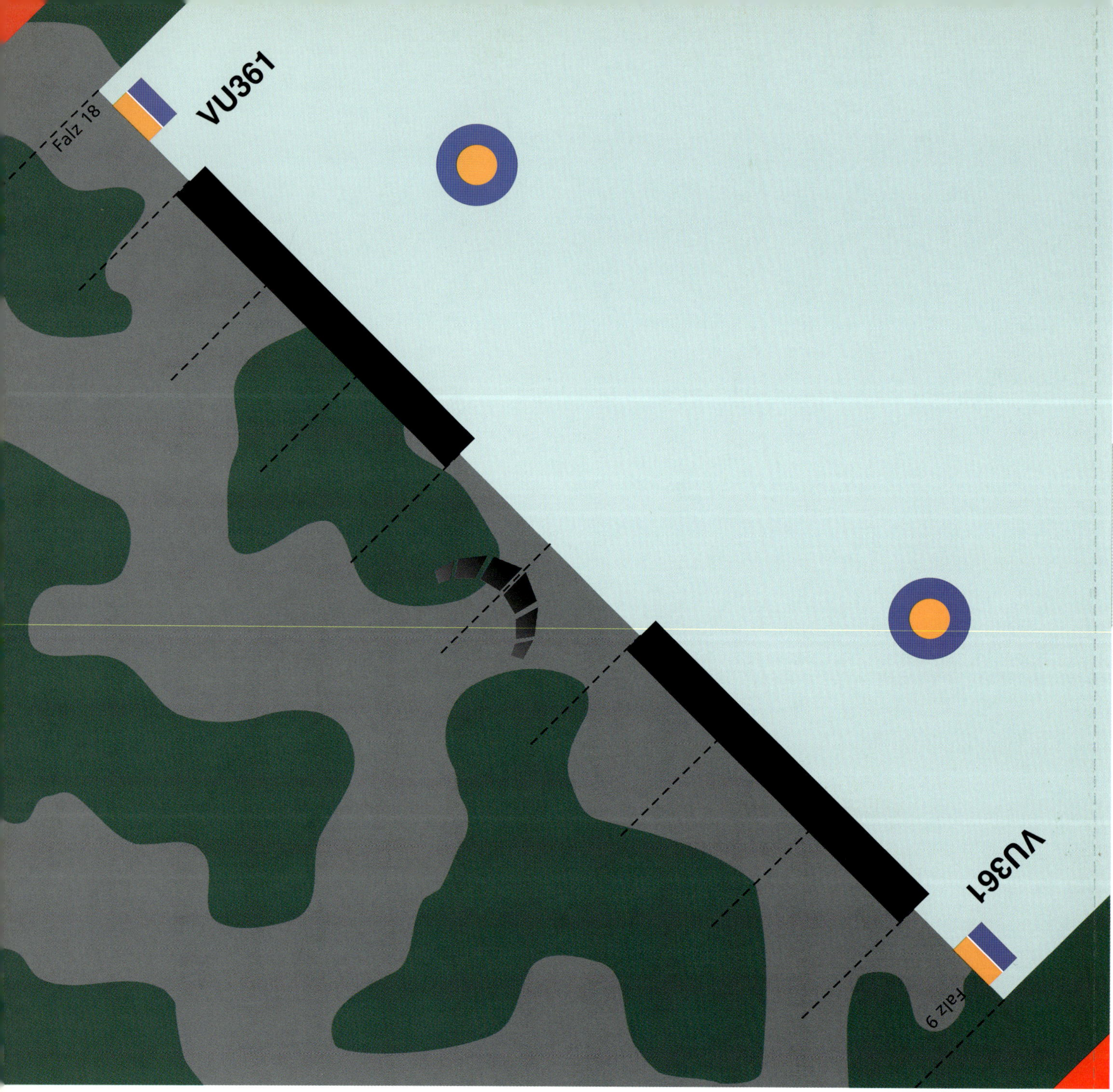
VU361
Falz 18
VU361
Falz 9

Schwalbe
Falz 1
Falz 2
Falz 3
D-101
D-101
D-101
D-101
Falz 14
Falz 15
Falz 16

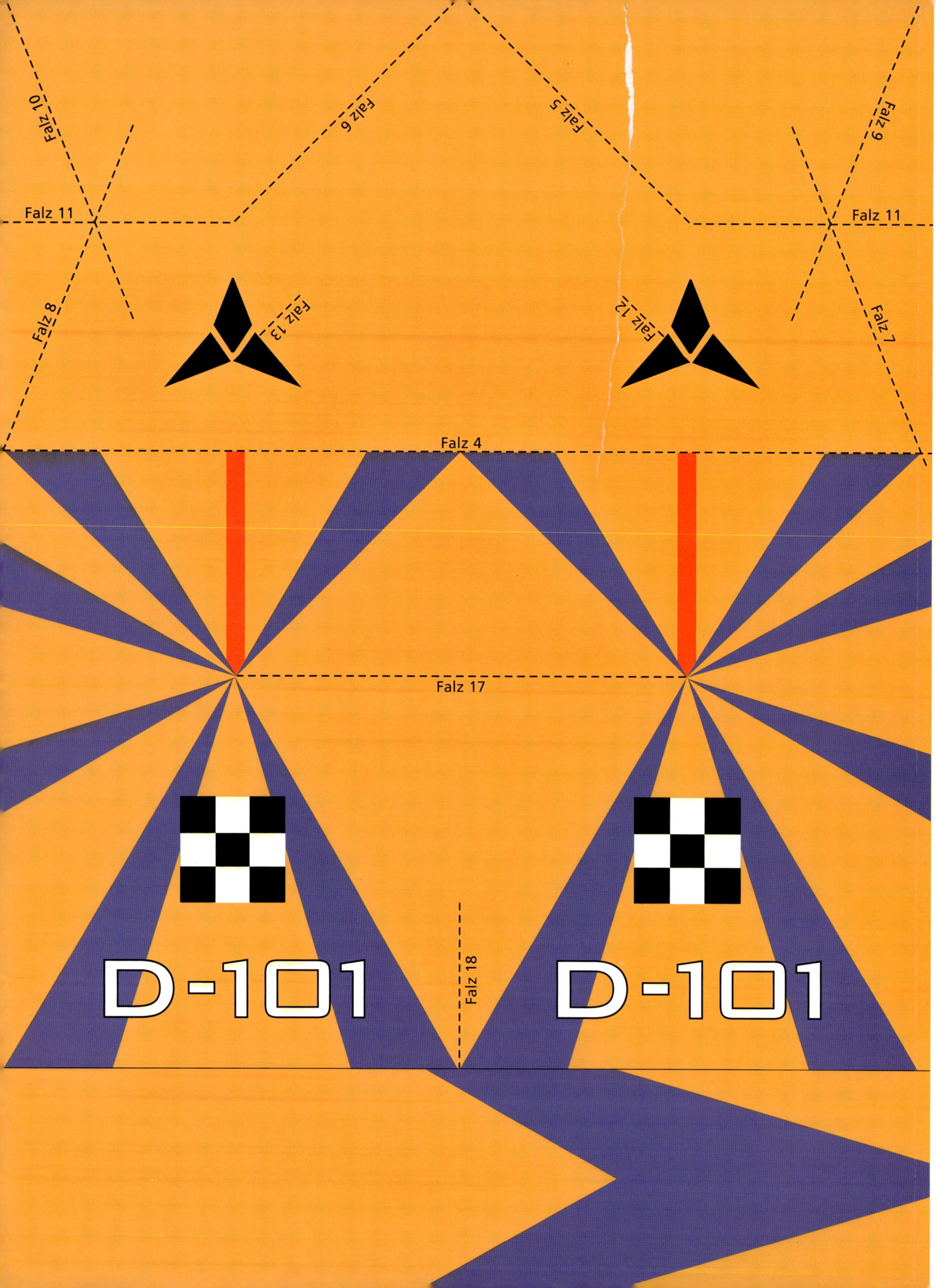
Falz 10
Falz 6
Falz 5
Falz 9
Falz 11
Falz 11
Falz 8
Falz 13
Falz 12
Falz 7
Falz 4
Falz 17
Falz 18
D-101
D-101

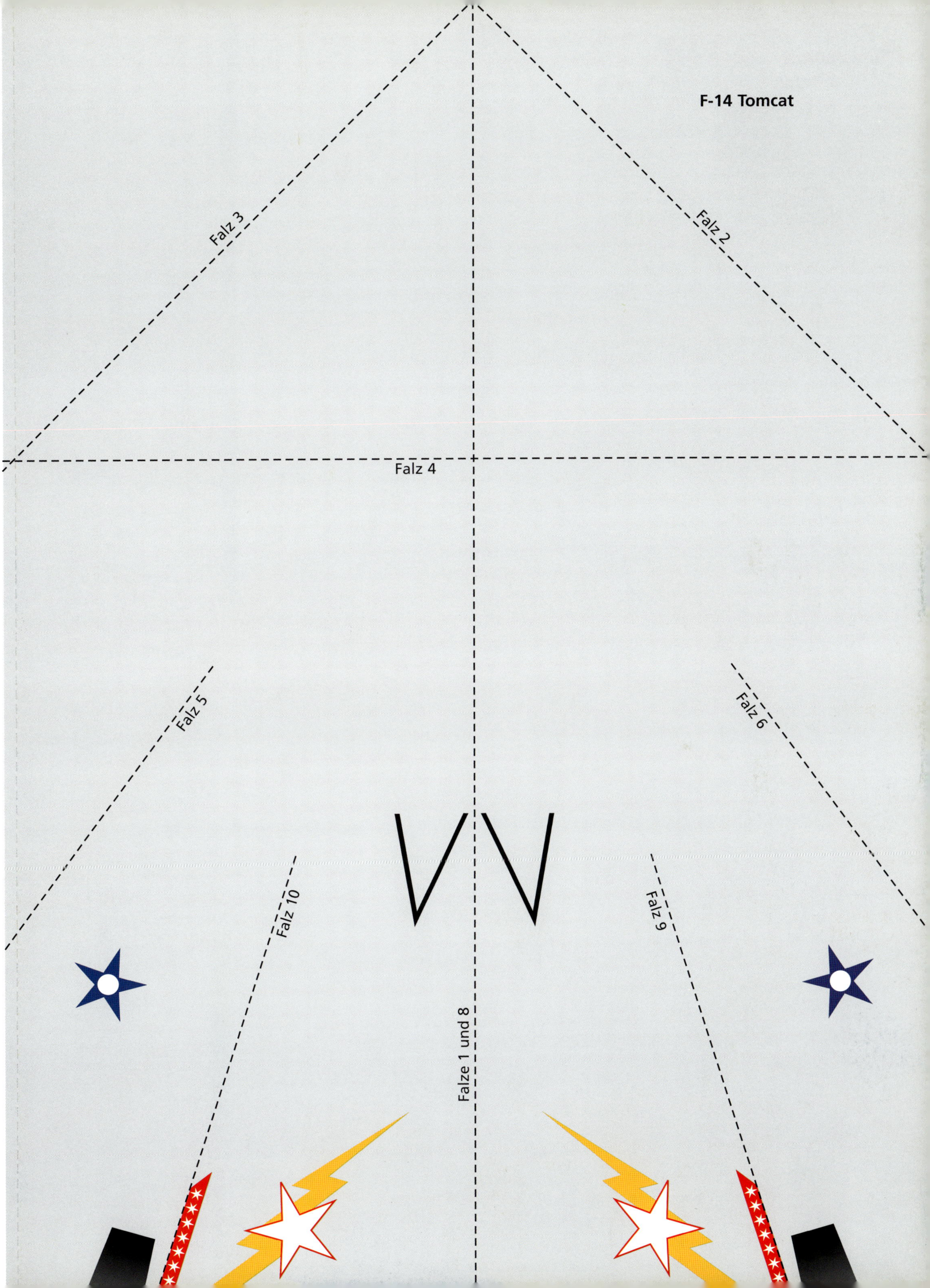
F-14 Tomcat
Falz 3
Falz 2
Falz 4
Falz 5
Falz 6
Falz 10
Falz 9
Falze 1 und 8

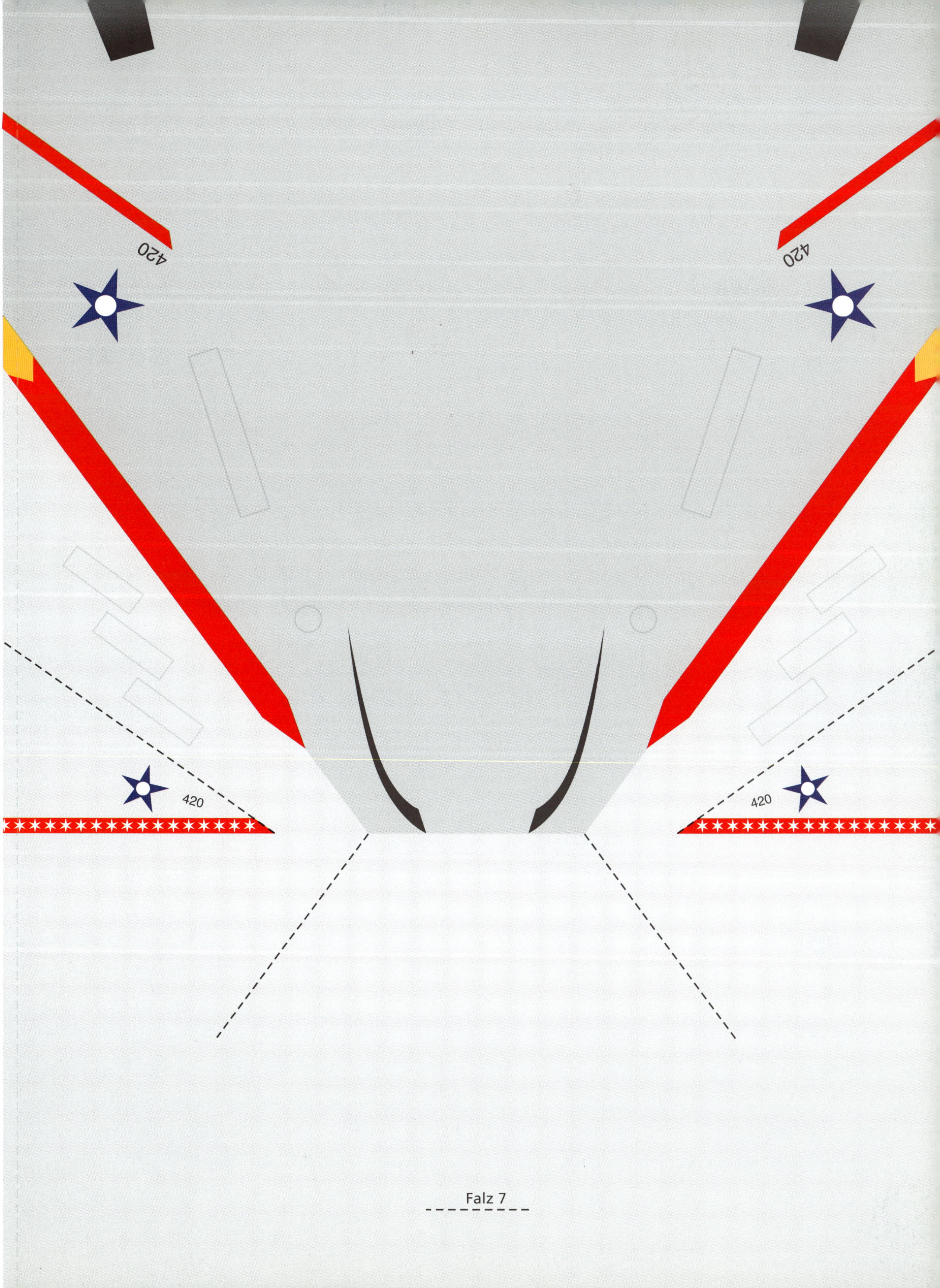
420
420
420
420
Falz 7

Für den Draken ✂ mit Nachbrenner an der Markierung abschneiden. Die Vorlage für den Nachbrenner findest Du auf Seite 63.

Falz 11
Falz 8
10
10
Falz 12
Falz 9
Falz 6
Falz 13
Falz 7
Falz 10
Falz 6
Falz 16
Falz 15

Die unterschiedlichen Modelle vorsichtig entlang der fein gestrichelten Linien auseinanderschneiden.

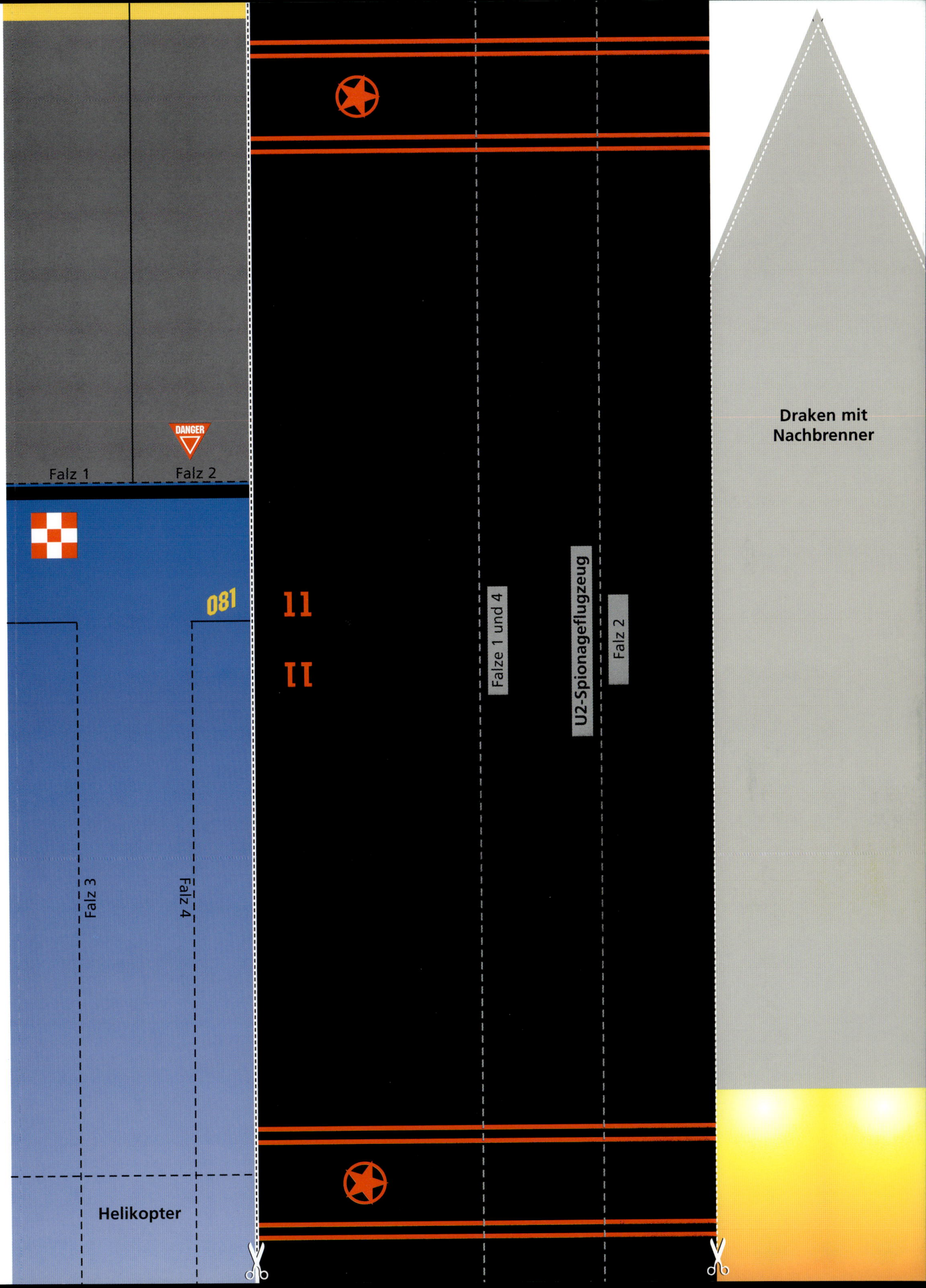

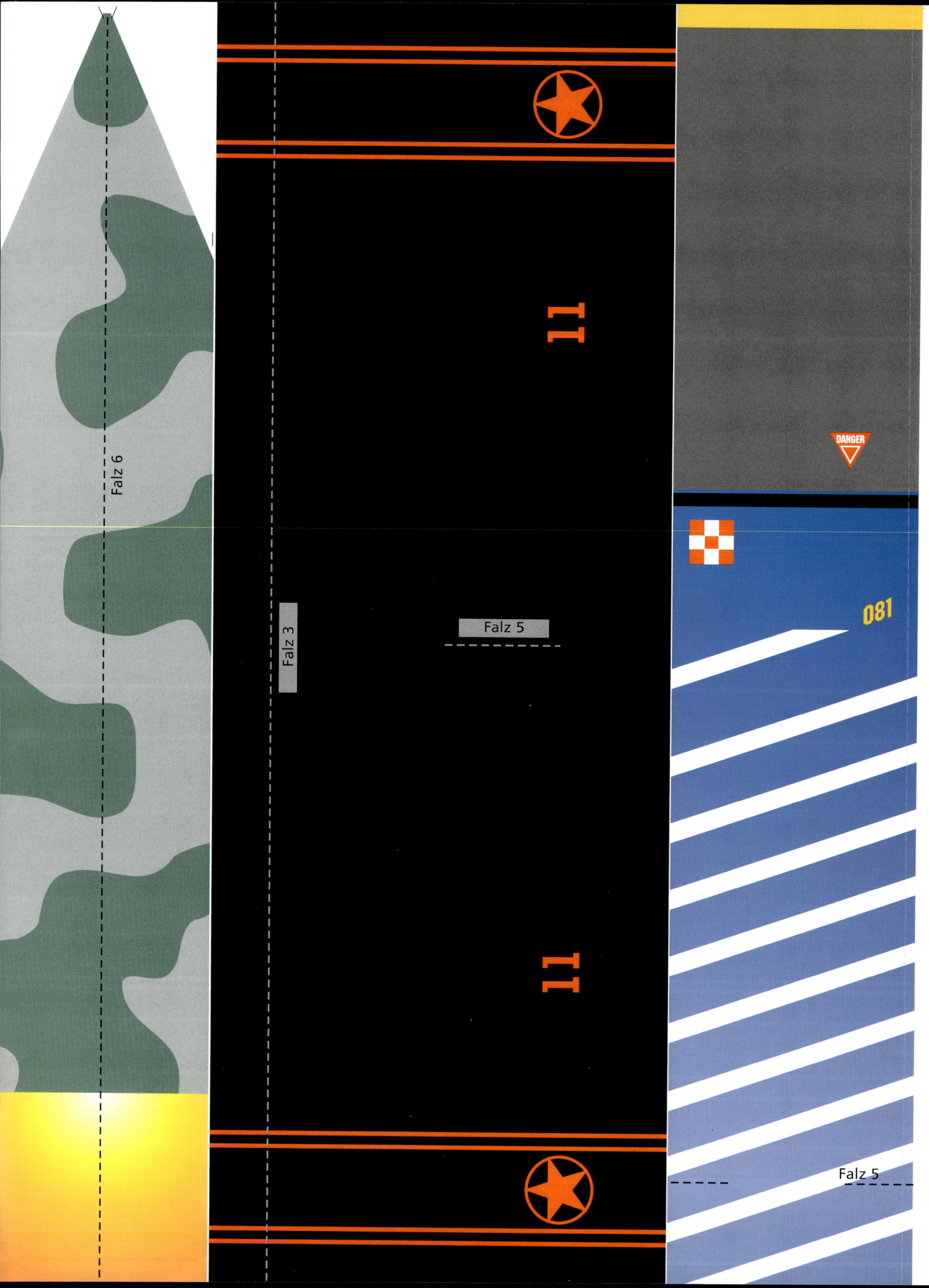
Falz 6
Falz 3
11
Falz 5
11
DANGER
081
Falz 5

Delta Dart

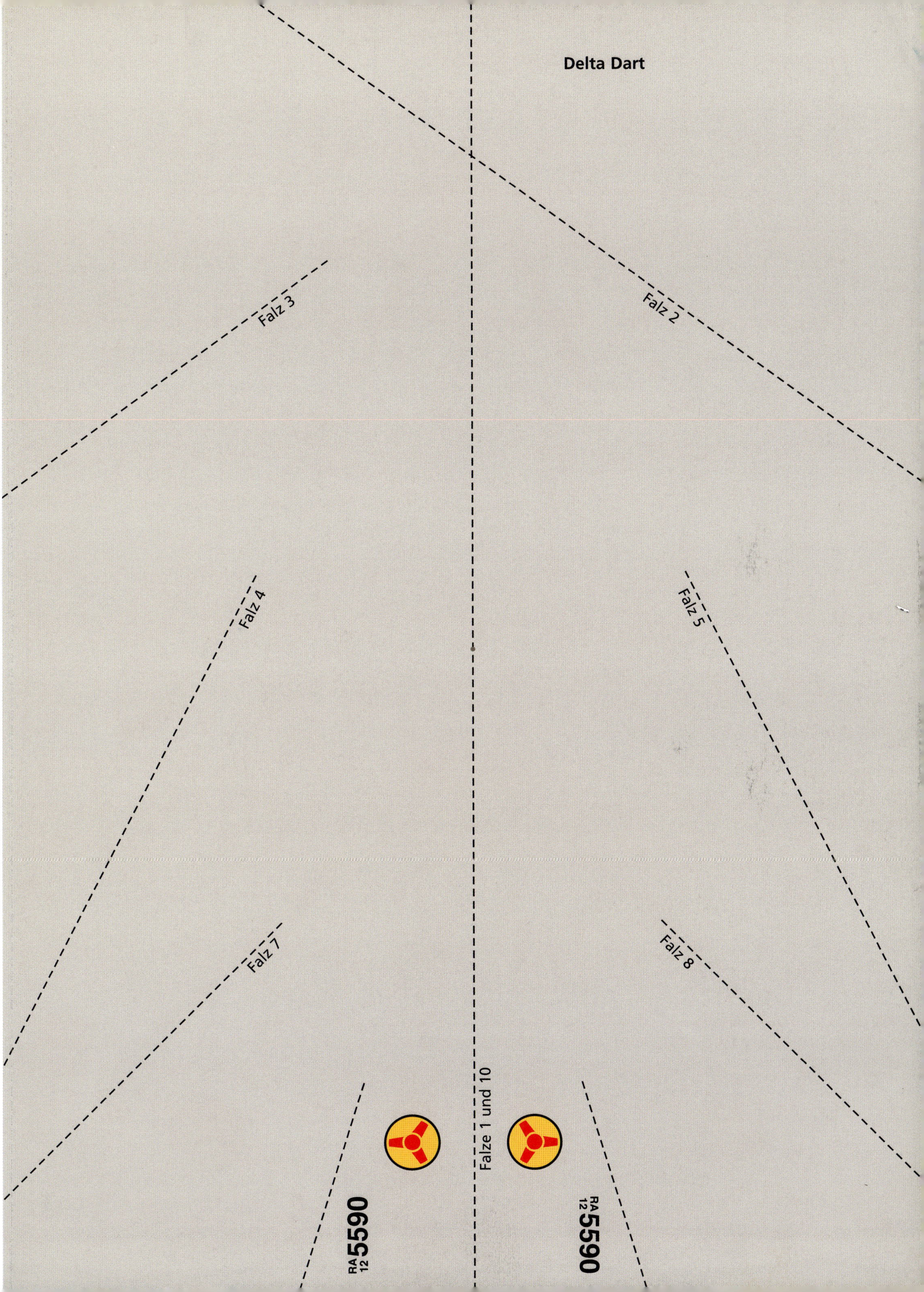
Falz 3
Falz 2
Falz 4
Falz 5
Falz 7
Falz 8
Falze 1 und 10
RA 12 5590
RA 12 5590

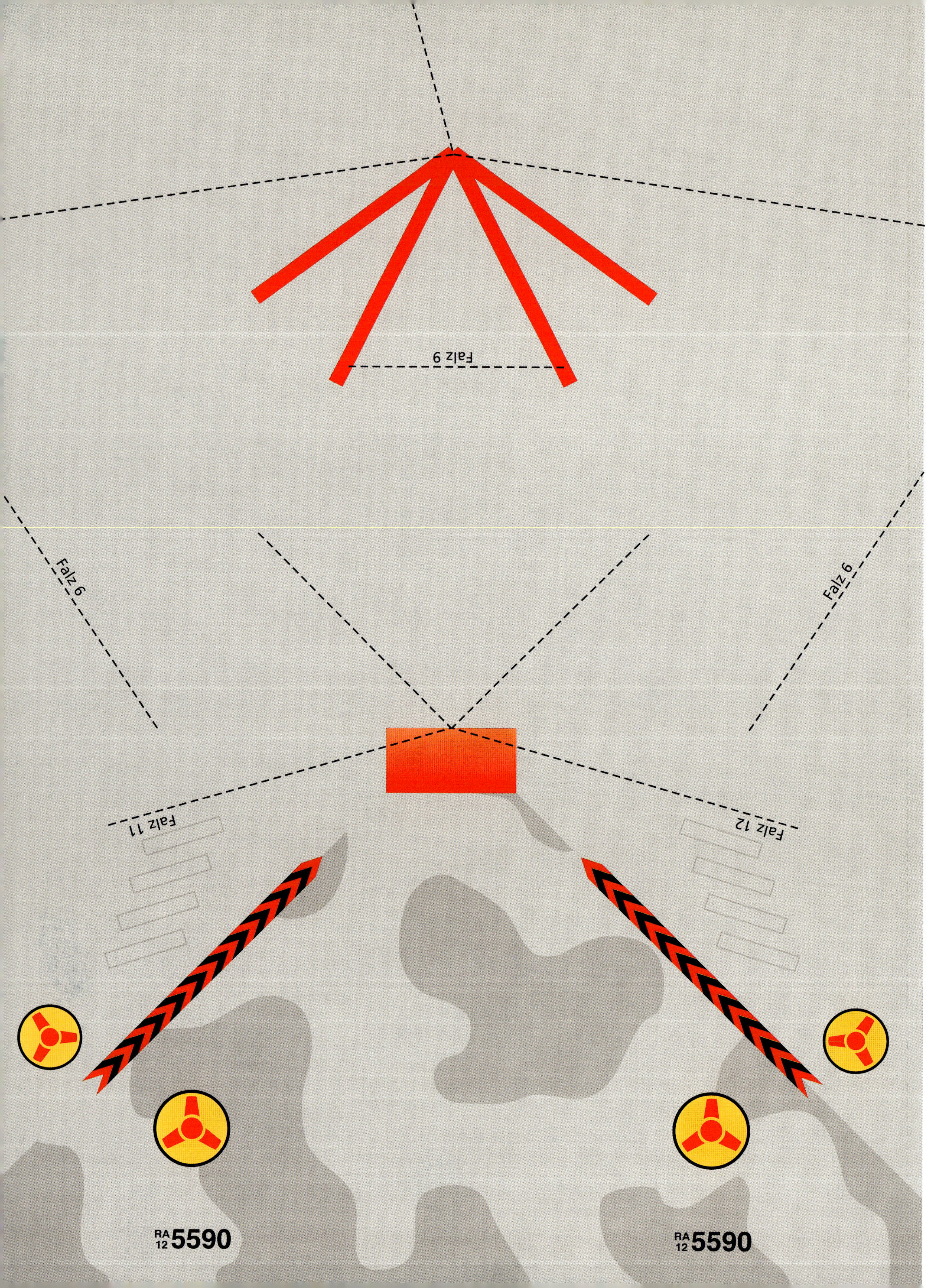
Falz 9
Falz 6
Falz 6
Falz 11
Falz 12
RA 12 5590
RA 12 5590

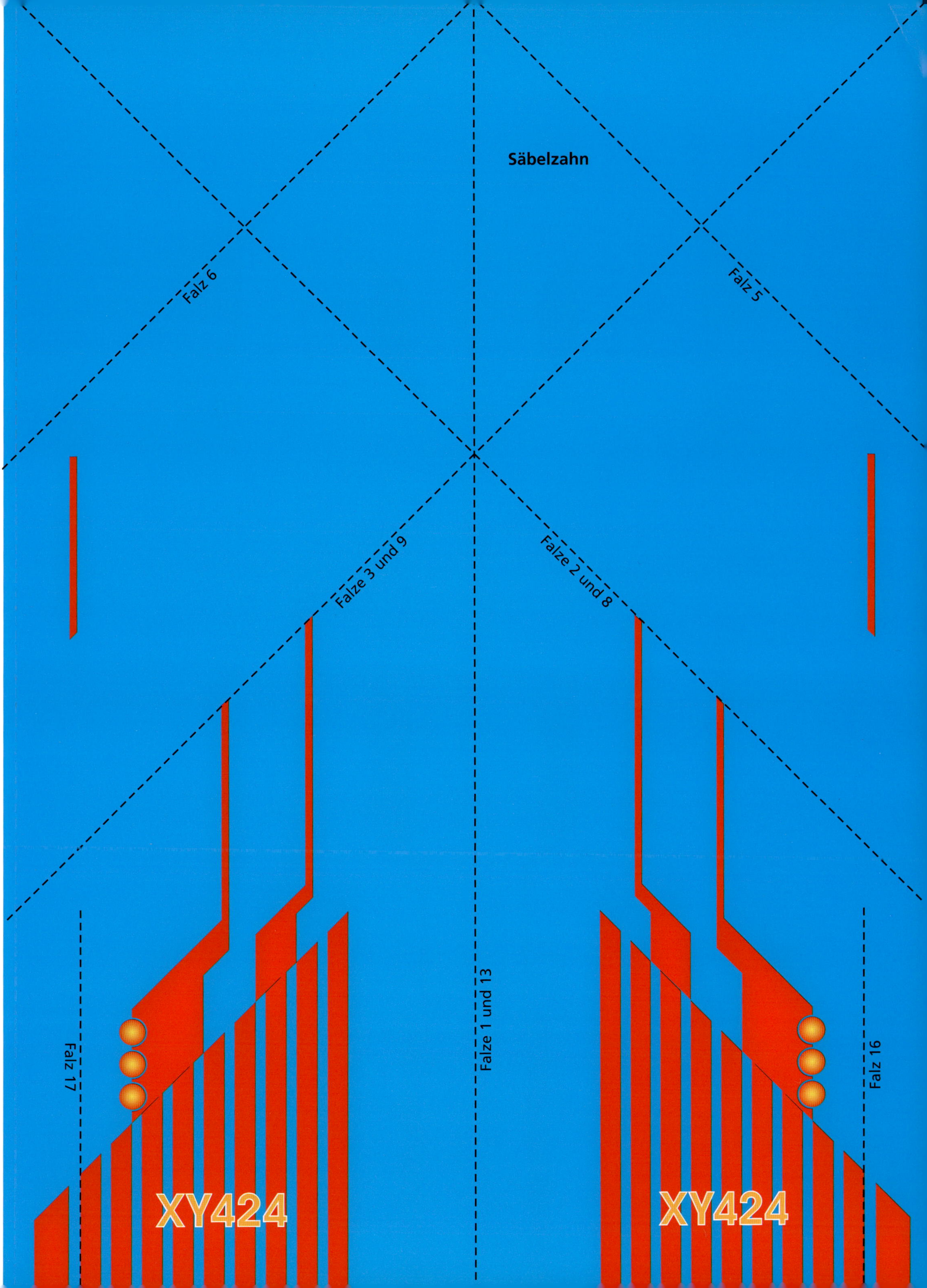
Säbelzahn
Falz 6
Falz 5
Falze 3 und 9
Falze 2 und 8
Falze 1 und 13
Falz 17
Falz 16
XY424
XY424

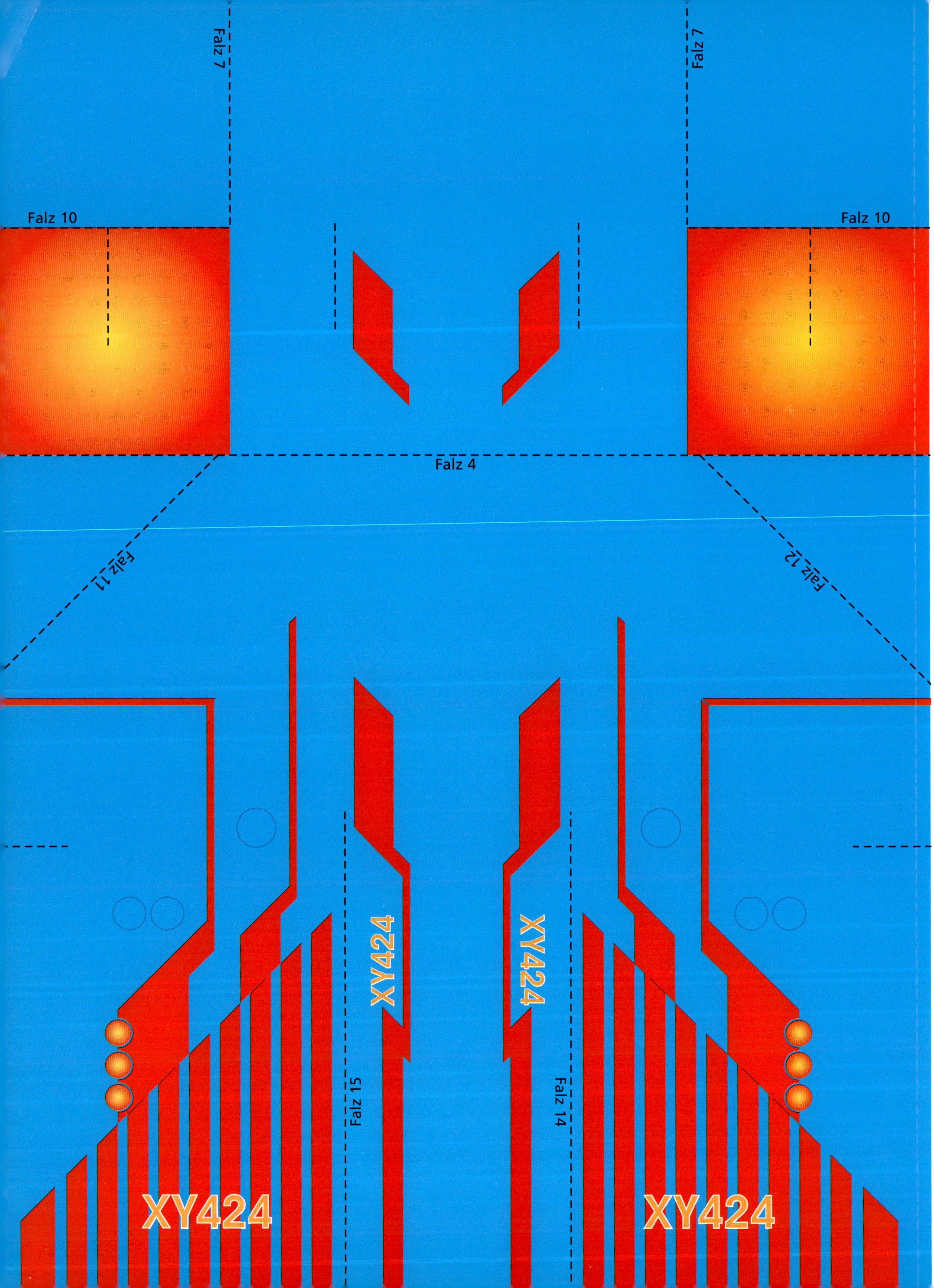
Falz 7
Falz 7
Falz 10
Falz 10
Falz 4
Falz 11
Falz 12
XY424
XY424
Falz 15
Falz 14
XY424
XY424